JN290986

ランニングと脳

—走る大脳生理学者—

［新装版］

久保田　競 著

朝倉書店

はじめに――「小さな一歩」

第一歩をふみ出してランニングを始めるとき、私が思いだす言葉があります。

「一人の人間にとっては小さな一歩だが、人類にとっては大きな飛躍である。」

人類最初の足跡を月面にしるそうとして、第一歩をまさにふみ出そうとしたときに、月着陸船のアームストロング船長がいった言葉です。

私が一歩をふみ出しても、世界が飛躍的に変わるはずはないのですが、一歩、一歩を繰り返し走り続けると、すばらしい私の世界が開けてきます。こころとからだの健康、精神の平和。

ランニングと脳の働きの関係について、私自身のランニング体験と、今までに勉強してきた専門の神経生理学の知識と、にわか勉強の体育生理学の知識とをおりまぜて、できあがったのが『ランニングと脳』です。本書は、ランニングを愛する人に、私の体験と知識をお知らせする「小さな一歩」です。走ることで健康を得たいと願う人や美しくなりたい人は、走るときに脳がどう働くか、走り続けると脳にどんな変化がおこるかを知って走ってほしいのです。

私は四七歳の誕生日の頃から走り始め、二年過ぎましたが、今では一日に約一〇キロメートル走っています。この間に体重は二三キログラム失いましたが、二〇歳代の体力と強い精神力を得ました。成人病からも解放され、肉体的にも精神的にもすぐには疲れません。考える自由な時間が増えました。たのしみながら、生命ある限り、走り続けようと思っています。

本書の内容に共感してくださる方が一人でも増えてほしいと願っています。

昭和五六年八月二〇日

久保田　競

目次

序章

　一九八〇年代に入って、わが国にもランニングブームが到来したといわれている。かつてないほど、たくさんの人が街や野や山で汗を流して走っている。ランニング健康法といった指導書、入門書も数多く出版されている。ところが残念なことに、走るためには神経系が確かに働いていて重要であるのに、ランニングと脳や心との関係を書いたものがほとんど見当たらない。これはおかしなことである。肉体だけの健康美をつくるのがランニングのねらいではないのだから、ランニングと脳の健康の関係をもっと知るべきではなかろうか。

　私は四七歳の誕生日のころから走り始め一年間で体重を一八キログラム減らし、いろいろとたのしい経験をした。今ではランニングを一生の友として走り続けたいと思っている。この一年間でランニングに焦点を合わせて神経生理学や体育生理学のことを改めて勉強し、ランニングについて発表された体験談をしらべてみたが、ランニングと脳の関係はあまりにも無視されていること、また、科学としてのこの二つの関係がよく知られていないことを見つけ愕然とした。それでも、両者の関係が解明されるまでランニングをしないで待っていることはできない。私個人の経験したことをたて糸に、学問的に裏付けられることをよこ糸にして織りあげたのが本書である。私の書いたことに賛成されて、ランニング愛好者が増えてほしい。

私が走る理由

「それは私のからだが走るようにできているからだ」といえば、エベレスト山がそこにあるから山登りをするといったヒラリー卿のように、キザに聞こえて本当の理由をいっていないように聞こえる。しかしこのことは私にとっては走るための重要な要因である。全く理由もなく走ることがある。「なぜ走るのか」と問われても答えられない。ただ走るために走るように。体重が標準並みになり、成人病から解放された今では、「やせるため」とか「心臓血管系を強くするため」とか「糖尿病や痛風にならないため」といった病気を予防しようと思って走る必要は全くなくなってしまった。私が走るのは、身体の健康はもはや目的ではない。頭が少し疲れたり、考えがまとまらなかったり、研究計画書の続きが書けなくなったりしたとき、走って汗を流す。走りながら考えごとをすると、よいアイデアが浮かぶことが多い。どちらにしようかと迷っていることに決断が下されるようにもなる。こんなときは、考えるために走っている。

不愉快なこと、気の滅入ること、その他ストレスがあるとやはり走る。走っているときは全くひとりになれ、だれも追っかけてこない。どこにいるのかだれも知らない。電話もかかってこない。こんなときは現実逃避のため、自由になるために走っている。

全く放心した状態で走ることもある。何も考えず、周りにも注意を払わない。こんなときは子供が遊んでいるのと同じようで、走りにのめり込んで、無心に走っている。あるいは無我の境地を求めて走っているのだから、瞑想のための走りといってもよい。

私は元来、無趣味で研究室を離れて家庭にいるときは、積極的には何事もせず、飲み食いしているか、寝ているか、活字やテレビの映像をみているかだったが、最近はまとまった時間があると一―二時間走るようになった。こんなときは外の景色を見てたのしみながら、また、たのしくなるようなことを考えながら走る。余暇の一利用法として、趣味として走っていることになる。

最近の私は二日間全く走らないでいると、肩とか足が重い感じがしてきて、どうしても手足を動かしたくなってくる。我慢ができなくなって走り出す。これなどはランニング中毒症状の解毒を求めて走っているわけである。走ったあとにむしゃくしゃはとれて、爽快な気分になれる。

このような理由で走っているのは、「心」の安定を求めて走っているのであって、私が走るのは「たのしみのためのランニング」「あたまのためのランニング」と本書では名づけたい。そのためにはどうしたらよいか、私の体験をまじえながら書いたのが本書である。

これから説明するように、あたまのためのランニングには、週二時間走り続けられることが前提条件となる。からだのためのランニングでは週に五分でも一〇分でもよい、走れる時間が長ければ長いほどからだによい。あたまのためのランニングでは週に一回二時間続けて走ってもよいが、三〇―四〇分ずつ、三―四回に分けて走った方がもっとよい。しかし、三〇分の間は中断しないで走り続けなければならない。走るスピードはゆっくりで決して無理をしないことである。三〇分の間、左足と右足を交互に前進させる運動を一定のリズムで繰り返すのである。記録を出そうとして競争して走るのは全くよくなく、これでは心の安静は得られない。昔からマラソンは自己との闘いといわれるくらい、肉体的苦痛にうちかって走り続けることで栄光が得られるとされているが、そのような走り方では、心の安静は得にくく、心のためのランニングではない。競争して走らない、はやく走らないことである。

週二時間のランニングができるようになるには、歩ける人なら二―三カ月の訓練が必要である。それも無理をしないで練習してである。

毎朝、起きたら顔を洗って歯をみがくように、週二時間きまった日時にランニングを続けられるようになったら、「心の健康」だけでなく「からだの健康」も同時に保証される。からだの健康だけを求めてランニングに励んでも、「あたまの健康」は必ずしも得られるものでない。からだだけを健康にする動物的健康を求めて走るのはあまりに非人間的行動ではなかろうか。

第一章　顔

ランニングを習慣としている人たちの間でも、走り出すきっかけや動機はさまざまである。健康になろう、やせよう、強い体力をつくろう、などなど。私の場合は、自分の顔がテレビの放映で大写しになったのを見たことから始まる（昭和五四年五月一四日、NHK・明日への記録）。

私の顔は、前額部が広くないうえに眼鏡をかけているので、見映えのする顔ではない。左右の頬から下顎にかけて異様なふくらみ方で、脂肪がたまり、ひだができて、たるんでいる。首も太く、いわゆる「いの首」であった。「男は四〇歳を過ぎると自分の顔に責任がある」とは、よくいわれることであるが、そのとおり、何十年もからだが必要とする以上に食べ続けたためだ。テレビに写し出された顔は、まさに中年の食べすぎ、脂肪太り、運動不足の顔であった。大学の研究所で研究を職としてきたから、人はそれ相応の顔付きと判断してくれるのであろう、あまりかけ離れた職業人と間違えられたことはなかった。しかし、あの顔は違う。太りすぎで、からだと脳の働きがにぶっている人の顔付きで、知的活動をしている人の顔には見えなかった。私にはたいへんなショックであった。やがて心臓血管系の病気で急死するに違いないと思った。私の父親は、行年五九歳のとき心筋梗塞で旅先で急死した。私も同じ運命になりそうな予感がする。死でもって、みにくい顔の清算をするのはいやだ。

毎年、春に行われる定期の健康診断で肥満といわれてからも数年たっている。最近は最高・最低血圧が年に水銀柱五ミリメートルくらいずつ上昇していく。体重は年に一―三キログラムずつ増えていく。血清コレステロール値も高い。老眼がすすみ、一年ごとに眼鏡を買いかえている。ワイシャツもいたまぬ間に首回りがきつくなって買いかえる。心電図は今のところ正常だが、心筋梗塞の徴候が現れるのは時間の問題だ。いずれ尿に糖が出てきて糖尿病の症状も出てくるだろう。私の母方に糖尿病の遺伝的素因がある。母は中年になって糖尿病を持病にして、いくつかの障害が出ている。こんなことで、今か今かとびくびくしてきた。若いとき、人に自慢できるほどであった記憶力も衰えてきたし、最近はもの忘れがはげしい。普通の人以上に脳の老化が急速にすすみ、神経細胞(ニューロン)の数が減り、シナプスの数が減りつつあるようだ。動作もにぶくなっている。反応するまでの時間がかかるようになった。寝ていた状態から起きあがるのに一気に起きあがることはできず、膝頭を押えて「よいしょ」と掛け声をかけないと起きあがれない。食べすぎて余分のエネルギーが脂肪として蓄積されているのだ。アルコールの取りすぎも、これに拍車をかけた。年齢四七歳、身長一六六センチメートル、体重八三・五キログラム。最高血圧一五五、最低血圧一一五、心拍数七五。少なくとも二〇キログラムは過重である。数年前から医師は動脈硬化の予防用の薬をとることをすすめている。

テレビに映ったあの脂肪太りの顔の背後に死神が笑っている。醜悪な顔だ。自分の顔があんなだとは思いたくない。

「よし、走ることにしょう」。なんとなくひらめいたのである。走ることの効用を知っていたわけではない。昭和五四年、アメリカのカーター元大統領が来日したとき、アメリカ大使館の建物の周りを走っている大統領の姿を新聞で見たことが影響したとは思わない。あのときはなんと物好きな人もいるものだとひややかに見ていた。忙しいからだで外国へ来てまでなぜ走らなければならないのだと（カーター元大統領は昭和五五年一〇月現在で、五六歳、身長一七七センチメートル、体重六八・六キログラム、最高血圧一二〇、最低血圧八〇、脈拍五〇—六〇で全く健康なからだである）。走る決心をした私は、早速ジョギングシューズを買い求めた。自宅から勤務先の研究所まで、一・八キロメートルの距離がある。ちょうど適当な距離と勝手に考え、行きも帰りも走ることにした。マイカーでの通勤はやめた。

山西哲郎の監修した『ランニング体験集』（成美堂出版、昭和五四年）は、ランニングをはじめた人たちの体験談を一般から募集してつくった本であるが、その中にランニングを始めた動機についてのアンケート調査の結果がのっている。七四人の回答者のうち、健康保持のため一三人、肥満解消のため一一人、体力低下自覚のため六人、なんとなく六人、運動不足六人、病後の回復のため五人、その他で、実に身体の健康維持のためが半数をこえている。あたまのためというのは一人もいない。この調査の回答者の九三パーセントはマラソン大会に出場したことのある人たちだから、いわばランニング愛好者の集団の調査である。大部分（九二パーセント）が男性で、四〇—六〇歳の人が全体の七〇パーセントで、筋肉労働の少ない事務的な職業人が八一パーセントであった。一般に、この階層の人が健康のことを心配し、また肉体の衰えを実感しているので、走るようになったのだろう。

アメリカでランニングドクターの異名をとり、ランニングについてのユニークな医学的・哲学的随筆『走るシェーハン博士』、『ランニングと人生』で知られている内科医ジョージ・シェーハンは四五歳になって変わったことを始めようと思い立ってランニングを始めた。そして以後二〇年間も走り続けている。

最初走り出したのは外見をよくして、心臓発作を予防しようという単純な理由であった。そこで彼は数をかぞえて五〇歩あるき、ついで五〇歩かぞえ走った。この繰り返しを五分間続けた。毎日毎日これを繰り返し、その時間を徐々にのばしていった。走るスピードは走りながら会話ができるようおさえた。数ヵ月の練習で一日に三〇分走り続けられるようになった。一日おきに走るときは、一時間をこえて走れるようになった。こうなると心臓発作予防という最初の動機は問題でなくなる。もはや、長生きすることや健康が目的ではない。それらは手に入れてしまったからである。やがてランニングがたのしくなって、ランニングすることが目的となり、「ランニングこそ、わが人生」という心境で走るようになっていたのである。六〇歳近い彼の最大酸素消費量は肉体年齢の六〇歳並みでなく、二八歳の青年並みで、脈拍は遅く血圧は正常である。からだの健康だけが目的であれば、一週間に二時間、約二〇キロメートルも走れば充分である。それ以上走るのは心とからだの調和を求め、ランニングそのものをたのしむためである。

ヘンダーソン博士はランニングが健康をつくる効果に気づき、一九五〇年代の終りにニューヨークで、ナショナル・ジョガー協会をつくり、人々にランニングをすすめ、自らも走り続けた。しかし、一五年たってもアメリカのランナーの数は数万人をこえることはなかった。また、アメリカでは一度ランニングを始めても、一〇人に九人までは一年以内でやめてしまう。それが、一九七二年ごろブームの様子になり、一九八〇年になって、アメリカのランナー人口は約三〇〇〇万人くらいだろうといわれるようになった。『ランナーズ・ワールド』という月刊雑誌があるが、一九七〇年には三〇〇〇部発行されていたにすぎなかったが、一〇年で一五〇倍に増え、一九八〇年に発行部数五〇万となり、今や多くの人々がランニングを生活習慣にとり入れるようになった（『ランナーズ・ワールド』一九七九年一二月号）。

美容と健康のためという動機づけでランニングを続けるのは容易でない。一分間に一〇〇—一五〇回くらいのペースで左右に足を交互に動かして前進する運動、単純で消耗のはげしい運動だ。機械のような単純作業で、おもしろくない作業とだれもが思うのは無理もない。一日に数キロメートル、週に一回くらい走ってもランニングのだいご味はわからない。走ったあとの爽快感があるだけである。長く続けると単純な繰り返し刺激は神経系に影響するのである。音楽のリズム、ゆりかごのリズムなど、心地よい気分にしたり、眠りを誘ったりする。単純な繰り返しランニングが、ある程度の意識低下をおこすのである。ただし、気分のよくなるのは二〇分以上走り続けてからである。しかも気分をよくしようと思って走らないと気分よくならないのである。このことが知られていないのは、競争に勝とうとして、無理をして走っているからである。

フィジカル・フィットネス

ここで舌をかむような英語を使うのを許してほしい。適切な日本語がないので、英語のまま使うことにした。フィットネスとは適性のある状態のことで、文字どおりに訳せば「肉体の適性」のことで体育生理学やスポーツ医学では「体力」という言葉があてられている。

ところで、本書ではフィジカル・フィットネスをつぎのような意味で使っている。

「日常の活動でひどい疲れを感じることなく、また余暇をたのしむエネルギー予備があって、行える肉体の運動能力」のことである。このフィジカル・フィットネスを得るには、運動を持続的に行うときに、必要なだけの酸素を筋肉に供給できるようになること、つまり心臓血管系が充分働くことが前提である。また、脳が働かなければ筋運動はできないので、運動が円滑にできるような脳の働きも前提にしているのである。

ふつう体力といえば個人のもっている身体能力のことで、体力テストで測ることができるものである。この場合はフィジカル・フィットネスという言葉よりせまい意味で使われている。体力を測るにはいろいろな種類のテストがあるが、文部省が学童に行わせているテストでは、五〇メートル走、走り幅とび、ソフトボール投げ、斜め懸垂、ジグザクドリブル（以上、運動能力テスト）、反復横とび、垂直とび、握力、背筋力、踏み台昇降、伏臥上体そらし、立体前屈(体力診断テスト)がある。このテストでは手、足、身体の比較的基本的な運動で、瞬間的に力を出す能力をしらべていて、神経系の能力（器用さや調整力など）に重点をおいていない。この体力テストは「体力」を測るよいテストとはいえない。

福田邦三は体力を防衛体力と行動体力に分けて、生体の適応や抵抗の器官能力を含む防衛体力と、筋力や持久力や柔軟性や敏捷や巧緻性を含む行動体力とに区別した。行動体力は随意運動を主とした身体能力で骨、筋肉、神経系に関する運動能力のことである。防衛体力はおもに内臓や内分泌系、自律系が関係する機能である。日本の体育関係者の間ではこの考えが一般的であるが、体力というとき、一般には防衛体力のことを意味していない。そこで行動体力が狭義の体力で、防衛体力も含めた体力が広義の体力ということになる。本書でいうフィジカル・フィットネスは広義の体力ということである。

フィジカル・フィットネスをもっとせまい意味に解して、運動能力の基礎にある持続的に運動ができる能力(心臓血管系の酸素運搬能力)の意味で使う人も多い。この状態があってはじめて、身体に加わる刺激に対してできるストレス状態が容易に解消され、疲労や病気もおこりにくくなるのである。だから、フィジカル・フィットネスのある人は、少なくとも持続力のある心臓をもっているのである。

スタミナという言葉も体力と似た意味で使われる言葉で身体能力を表している。辞書をみると「㈠体力、精力、㈡根気、持久力、忍耐力」とある。つまり、スタミナとは筋のたかまった機能の状態を続けて、筋の疲労にうちかつ能力のことである。この能力はせまい意味のフィジカル・フィットネスのことである。スタミナがあるためには心臓血管系のフィットネスが必要である。スタミナ料理という言葉は、特別に身体能力をたかめる料理や料理法はないのだから、おかしな使われ方である。

筋肉は血液中からとり入れたブドウ糖を、血液中からとり入れた酸素を利用して分解し、エネルギーを得て、運動が行われている。このエネルギーの生成法には二種類あって、筋肉に酸素が供給されてはじめてATP(アデノシン－三リン酸)よりエネルギーを発生する有気呼吸と、ADP(アデノシン－二リン酸)とクレアチン－リン酸とからATPと酸素を発生させて、ブドウ糖を乳酸に分解してエネルギーを得ている無気呼吸とがある。無気呼吸では、筋運動のあと酸素が供給されてはじめてADPとクレアチン－リン酸が生成される。これは、いわば酸素のローン(酸素負債)があとで返されるのである。筋収縮のエネルギーは、ATPからリン酸が一つ離れてADPができるとき、高エネルギー結合がはずれてつくられるのである。そのときは、筋の中にある酸素が利用されるだけなので、長く続けられない。フィジカル・フィットネスのある心臓血管系では、たえず筋肉に酸素が送り続けられて有気呼吸が可能である。

ボールを投げたり、バーベルを持ちあげたり、一〇〇メートルを走ったりして、瞬間的に力を出す動的運動の場合は無気呼吸が行われて、あとから酸素負債が返されるが、このような運動を長時間続けることはできないのである。マラソンのような静的運動はほとんど有気呼吸のみで行われるので、長時間続けられるのである。持久力と瞬発力があってはじめて動的・静的な運動が可能となる。フィジカル・フィットネスがあってはじめて精神機能が円滑に営まれる健康ということで、自分のする行動に自信ができ、毎日を幸福に暮らせるのである。健康とは、WHO(世界保健機構)の憲章にあるように「病気や虚弱でないことはもちろん、精神的肉体的に良好な状態にあること」で、自分の肉体に対する主観的な感じのことである。だから、健康は直接測ることはできないので、体力を測定して総合判断をし、健康とか、そうでないとかはじめていえることになる。本書でいうフィジカル・フィットネスとは健康の肉体的側面を重要視した考えである。昔からいわれるように、平凡だが「健全な精神は健全な肉体に宿る」の一言につきる。肉体があってはじめて精神が芽生える。健全な精神（メンタル・フィットネス）は健全な肉体（フィジカル・フィットネス）をつくるのに働きかけるのである。健全な肉体があれば、健全な精神は必ずあるということにはならない。

ランニングのたのしさは、走っている人でないとわからない。言葉で説明しにくいものである。はげしい肉体労働をしたあとの気持のよさ（爽快感）は、それなりに気持よいものではあるが、ランニングの自己陶酔感は走ったことのない人に説明するのは難しい。酒に酔って気持のよいとき、麻薬をのんだとき、無心に音楽を聴いているとき、瞑想にふけっているときが、これに近いがやはり違っている。気持のよさが一方でありながら、足をたえず動かす単調な随意運動を続けなければならないので、ある程度の意識のさめた状態である。病気でみられる自己陶酔感とは違った特殊なものである。学問的には充分定義されたことはない、たのしい状態である。

ランニングを生活習慣にしている人に、学生のころどうしていたかと聞いてみると、たいていはからだを動かすことが好きであったとか、スポーツ選手であったとか、マラソンをやっていたとかいった答が返ってくる。ランナーには昔とったきねづかで走っている人が意外に多い。本書では、だれでも肉体も精神も健康でありたい人に、今まで走ったことのない人に走れるよう、私の体験を通じて、ランニングについての知識を述べようとするものである。

私が走り始めて半年後、アメリカを短期間だが旅行した。四年振りで会った友人が、会うなりいった言葉は「キソー、お前は前に会ったときより元気で若く見える」と。

体重が減って身軽になっただけでない。人に若く見られるようになったとはうれしいことであった。こんな日常のエピソードがランニングへの意欲をかりたてることがある。

ランニングを始める前の準備

走った経験のない人が、急に走ると息づかいがはげしくなり、苦しくなって続けられない。一〇〇メートル走るのもたいへんである。フィジカル・フィットネスがないからである。ランニングの訓練の最初の目的は、使っている筋肉に必要とする酸素を充分に送り続けられること、つまり心臓血管系に耐久力（持久力）をつけることである。このためには三〇分間続けて走るようになれば大成功である。この耐久力は一日でできるものではない。特別な特効薬もない。走り続けることで徐々にできるものである。普通の人でできあがるのに最低一カ月半かかる。また耐久力ができてから走らないでいると二週間で目立って耐久力が低下してくることが自覚される。オリンピックのマラソンの金メダリストに二回もなった「人間機関車」ザトペックは、「走るのを一日休むとマラソンの記録が数十秒さがってしまう、だから毎日走らねばならない」といっているが、耐久力に関しては休むと必ず機能低下をおこす。たのしみのために走る場合でも、二―三日走らないと必ず機能低下に気づくのである。

だから、ランニングを中断してはいけない。ランニングを生活習慣にしないといけない。ランニングを始めるにあたっては、今後絶対中断しないという決意が必要である。やめる口実をつくらない。雨が降っているからやめようとか、昨夜は夜ふかししたからとかいうのは口実にしないのである。「三〇分走れるようになるまでは、本当のランニングのたのしさはわからない」という言葉を信じて途中で落伍しない決意をすることである。走り始めてもすぐやめる人が多いのは、初心者にはランニングのあとの報酬があまりないからである。

「決意」ができたら靴を買うことである。これも自分の足によく合ったものを買わねばならない。はだしでコンクリート道を走ると、たいていの人は膝関節を痛めてしまう。大地にあたる足底のショックをやわらげるための靴が重要であることはいくら強調してもしすぎではない。初心者のうちは靴の専門店やスポーツ用品店でジョギング用として売っているものを買うとよい。大地をけったときのショックが足の底にこないようなクッションのよいものがよい。靴の幅も足幅によく合わせた方がよい。一か所がとくにゆるかったり、きつかったりするのは足を痛める原因になる。いく種類かの靴をはかせてもらって、自分の両足に合うものを買い求める時間を惜しまぬように。はいたら走りたくなるような靴をみつけたら大成功だ。

服装は軽快で走れるものならなんでもよく、シャツ、トレーングパンツ、ジャケットなど自分の好みのものでよい。走り続けると、かなり寒い日でも汗が出てくるので厚着の必要はない。二—三枚薄手のものを重ね着して調節したらよい。寒い真冬にはシャツ、パンツは保温のよいものにする。とくに寒いところではペニスに凍傷をおこす危険があるから、特別なサポーターが必要となってくる。市販されてないから自分でつくらねばならない。

走る場所が大問題である。自動車の通交が頻繁なところを走って、交通事故にあうのはつまらない。安全な歩道、公園など、よく選ばないといけない。といって、人通りの少ないところだと通り魔のような、異常行動の人間とすれ違ってけがをしても困る。人通りの少ない、夜、暗いところなどは初心者のうちはさけるのがよい。また、放し飼いの犬や野犬などもランナーを悩ませる。こちらが走ると犬も動くものを追いかける傾向がある。走るスピードを遅くし、犬と並んで走るか、棒とかの凶器で追い払うとかしなければならない。大型の犬はランナーをみてもたいていはじっとしており、小型の犬も追いかけてこない。要注意は中型の犬である。

地面の性質も大切である。芝生の上を走るのは足のためには理想的であるが、コンクリート面を走るのも都市に住む人間にとってはやむをえないが、急な凸凹に足をとられないよう注意しないといけない。走る決意ができ、靴を入手したら、さあ、ランニングの開始だ。

耐久力を徐々につくりあげるのであるが、決して無理をしないことである。苦しかったり、からだの変調に気づいたら走るのをやめて、歩くことである。走り出す最初の日は数をかぞえながらがよい。一歩踏み出すごとに数をかぞえながら歩き、また走る。まず、息をはくときに右または左の足を踏み出し、数をかぞえる片側の足が地面をけるときにかぞえる。左右の足がつくときをかぞえるのは忙しすぎる。間《ま》がほしい。五〇かぞえて一〇〇歩あるいたら、今度は走って五〇かぞえ、一〇〇歩走る。これを繰り返す。五—一〇分続けるとよい。まだ続けられる気がしても、これでやめる。歩きと走りに要した時間をノートに記録していくのもよい。週に三—四回同じことを繰り返す。時間はだんだんと増やしていく。しかし、次回には前回の五—一五パーセント時間を増やすことだ。疲れが残っていたり、筋肉に痛みがあるときには時間を減らす（これも前回より五—一五パーセント少なめの時間にする）。「心のためのランニング」は、決して無理をしないことである。走るときのスピードもあまり早くしないことである。走りながら会話ができるくらいのものにすべきである。走りながら声を出してみる。暗記した歌をよみあげてみるのもよい。走りながら声を出すのもよい。「ゆっくり走り」を人にすすめる運動をはじめたバウワーマンがいいだしたので、バウワーマンテストといわれている。息がはずみ、声が出せないようではスピードが早すぎるのでスピードを落とす。耐久力をつけるにはスピードよりも走っている時間が問題であり、この時間を徐々に、徐々にのばしていくのである。足が地面をけるときに口を大きくあけて、息を吸い込むようにするとよい。酸素をたくさんとるようにした方が息苦しさが少ない。

私が意を決して走り出したときには、他人のランニングの経験のことも、生理学の知識のことも充分考えなかった。もし走っていて、鳩尾《みぞおち》のあたりが痛くなって、さすような痛みがきたら、心臓に問題があって、狭心症か心筋梗塞の心配があるということになるので、そうなったら走るのをやめようとだけ考えていた。幸い、心臓の痛みはおこらなかった。

最初のころはしゃにむに走った。信号のある交差点の赤信号、電車路の遮断機が降りているのに出合ってほっとした。研究所の近くは坂道になるが、ここはいったん止まって「よいしょ」と掛け声をかけて、息をすって踏み出さないと登れなかった。約一〇分走り続けて、足が痛くなり、もう自分の体力の限界近い状態で研究所にたどりついた。研究所へ入って椅子に座わるとしばらく動けなかった。汗はどんどんふき出してくる。三〇分ほど椅子に座わっていても心拍数は安静時の数までにもどらない。はずむ呼吸も長い間続いた。三〇分休んでやっと仕事にかかるが、なお、しばらくはからだを動かすのが苦痛であった。しかし、気分はよかった。

なぜ、こんな苦しいのに走るのか。苦しくなると浮かんでくる、あのテレビの自分の顔だ。ともかくがんばろう。夕方帰宅するときもまた走る。あの苦しさがもどってくる。帰宅してシャワーをあびて椅子に座わる。息はハアハアはずんで、体力のなさを家内がばかにする。

三日も続けると下肢の筋に筋肉痛がやってきた。階段をあがるのがつらい。手すりにつかまりながら、下肢の筋肉をなるべく使わないようにして、ゆっくりと昇る。この筋肉痛は筋肉をはげしく使ったあと、翌日からおこってくるものであることを知っているし、若いころ、うさぎ跳びをしたときの経験を思い出した。この筋肉痛は不思議なことに、走るとその間だけ痛みがとれるものである。走るのをやめると痛みがもどってくる。一週間もランニングを続けたあとは、何もしないで休んでいても痛みが続くようになった。肉ばなれのときに使うシップをしてもきかない。はり薬も無効である。そうとう意志の強い人でもこんな状態を続けるのはかなり努力がいる。たいていの人なら走ることをやめてしまう。本書でのランニング法の説明は、こんなことをしてはいけないという例を書いているのである。

私のやったような急激なスタートは他人にすすめられるものではない。二〇歳前後の若い人ならともかく、四〇歳以上の人には絶対にすすめられない。心臓血管系に異常のある人は、こんな無理な走り方をしてはいけない。いやになってやめてしまうか、病気が出てくるか、ひどい場合は心臓死をおこしてしまう。こんな肉体のしごきを与えても、耐久力のでき方が、ゆっくり走って耐久力をつけるのと比べて、ほんの少し早くなるだけだ。フィジカル・フィットネスを得るのに筋肉痛を経験する必要は全くないのだ。

筋肉痛は、乳酸その他が筋肉内にたまるとおこるという説が有力である。乳酸をつくる無気呼吸をしているから痛みが出てくるのである。ランニングで筋が必要とするだけの酸素量を心臓血管系が送っていたら、有気呼吸のため乳酸はすべて水と炭酸ガスになってしまうので、筋肉痛はおこらない。だから、筋肉痛があるということは無理をして走っていることになる。耐久力を必要とする筋肉を働かせるには、無気呼吸を必要としないので不必要のことである。苦痛を与える方がランニングも早く上達すると考える人があるかもしれないが、そんなことはない。

ランニングを始めた場合、最初の目標は三〇分間つづけて走り続けられるようになることで、そうなれば、肉体の健康は保証される。走る距離は問題ではない。問題は時間なのだ。今まで走ったことのない運動ぎらいの人でも三ヵ月くらいで充分だ。一ヵ月で三〇分走れるようになる人もまれではない。

ランニングを始めて中途でやめないためには、健康に留意しなければならない。やめる口実がないようにしなければならない。そのためには、昔からいわれている常識的な健康法を思いおこしてみる必要がある。

一　タバコをすわないこと
二　睡眠時間を充分とること
三　朝食を食べること
四　体重を減らすこと
五　アルコールは適度に飲むこと
六　運動を規則的にやること
七　食事のとき以外にものを食べないこと

走る時間は、朝でも昼でも晩でも、いつがよいと一般にはいえない。いったん走り出すと一定の生活リズムができた方がよいので、朝なら朝ときまった時間がよい。昼食の前に走るのもよい。忙しい人ならいつでも暇をみつけて走ることになる。夜型の人なら、夜走るのも、生活習慣をかえるために朝走るのもよい。走る人の都合のよいときで、いつでもよいのだ。

走るといっても、走る前には必ず準備体操をしてから走り出さないといけない。いきなり走り出しては事故のもと、病気のもとである。準備体操をして事故を防ぎ、足をのばす伸筋の使いすぎを防ぐために拮抗する屈筋をきたえねばならない。走り終わったあとも体操をする。走る前のウォーミングアップは一五分、走ったあとのクーリングダウンも一〇分くらいは使いたいものだ。

準備体操を充分して、さあ走ろう。

走っているときに、つぎのような自覚症状があったら、ドクターストップがかかる性質のものと判断して、走るのを中止すべきである。

一 運動とともにはげしくなる前胸部の痛み
二 胸の内がかき回されるような苦しさ
三 高度な呼吸困難（息苦しさ）
四 強い疲労感
五 吐き気
六 めまい
七 はげしい頭痛
八 ひや汗
九 足の筋肉の強い痛み
一〇 足、膝、股の関節の強い痛み
一一 足がもつれそうになる
一二 心拍数が手でかぞえられないほどに非常に増える（一分に一七〇以上）

こんなときは心臓発作がおこっている疑いがあるから、しばらく休む。休んで症状がよくなれば、また走りを再開してもよいが、症状が続くときは医師に相談することだ。人が見て顔面蒼白になったり、口唇部が紫色になっていると、心臓に何かがおこっている。

第二章　ランニングと心臓血管系

「高血圧、心筋梗塞その他、心臓血管系の病気から完全に解放されるには、毎日一時間以上はランニングを続ける必要がある」といったのは、アメリカのジョーガー医師協会の会長T・バスラーである。これは自己の体験から語っている言葉で、確固とした学問的裏付けがあるわけではない。この意見に反対の医学者も多い。しかし、ランニングが心臓血管系の病気を予防する働きをすることは、今や医者の間でも常識となりつつある。本章では心臓血管系とランニングの関係の基本について述べる。

心臓の働きは、血液を送り出すポンプとしての働きで、筋肉が必要とする酸素とブドウ糖を筋肉へ送り、筋肉でつくられる老廃物である炭酸ガス、その他を受けとる。ランニングのように筋肉を使えば、多量の酸素が必要で、そのために多量の血液を筋肉へ送らねばならない。左心室の心筋が収縮するたびに血液が動脈血管へどっと送られるので、動脈にふれると拍動として感じる。この拍動の数（心拍数）は普通の大人で一分間に六五―七五である。女性はからだが小柄なので男性より一割ほど多めである。ランニングをして筋肉を使うと、必要な酸素を筋肉へ送るため心拍数は増し、心臓の一回あたりの拍出量も増え

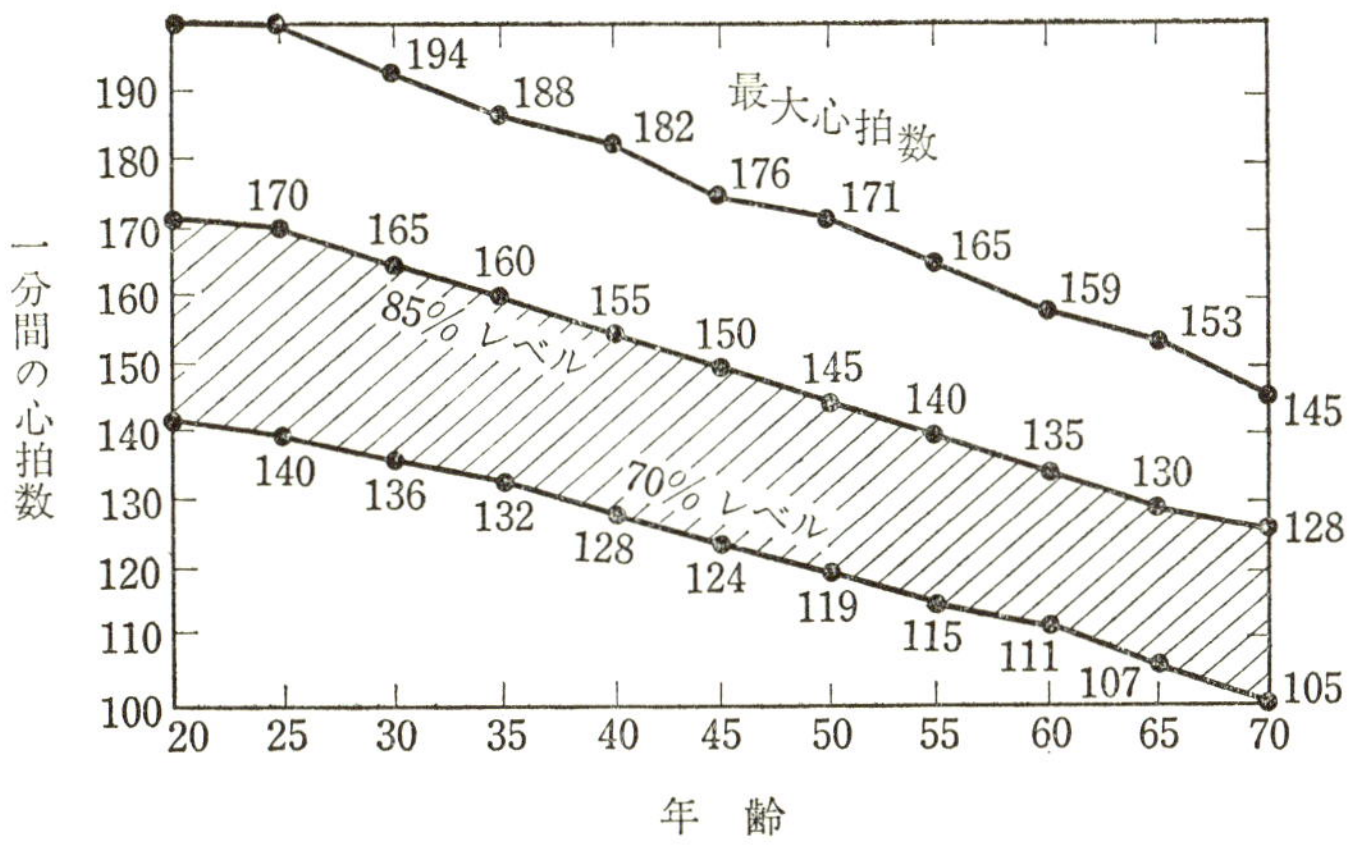

図 1 たのしみのためのランニングで保つべき心拍数（斜線部）
（オストランド，1964，その他より改変）

65歳以上，20歳以下は表示していないが，基礎データがたりないためで，これに準じればよい。上方の線は最大心拍数を表す。斜線部は最大心拍数の70～85%である。

る。心拍数が増えると筋肉が摂取する酸素量も増えるので、心拍数が筋肉の有気呼吸の尺度になる。

たのしみのためのランニングのときの心拍数は、

(210－あなたの年齢)×0.7〜0.85

にするのがよい。二一〇（だいたい二〇〇―二二〇）というのは人間の心臓の拍動数が達しうる最大値で、個人の最大心拍数は、老齢になるとともに老化のため減ってくるので、年齢数だけ引き算する。

図1が、ランニングのときに保つべき心拍数で、年齢により違っている。斜線部はたのしみのためのランニングのときに保つべき心拍数の範囲で、各年齢での上限と下限を示している。このデータは日本人の測定値ではないので絶対的な信頼をおかず、だいたいこれくらいの値で走ればよいと考えてほしい。普通の人なら、この斜線部の心拍数で走っている限り息苦しくなることはないし、人と会話をたのしみながら走れる。

心拍数をかぞえるには医師が脈をとるときの真似をすればよい。ひとさし指、なか指、くすり指をまげて手首の掌側のおや指側のところにあてる。すると、橈

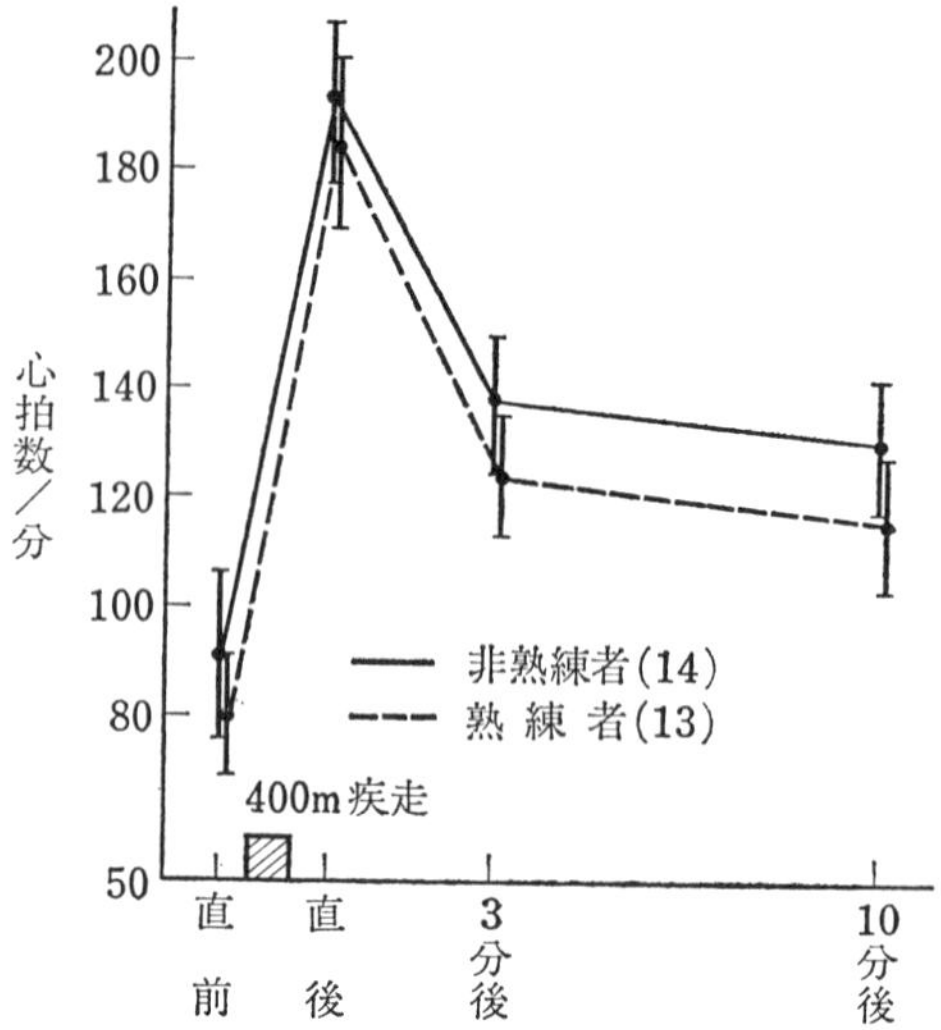

図 2　400 mを走ったときの心拍数の変化を熟練者と非熟練者とで比べたもの(K. D. ローズ, 1969)
走る前，走った直後，3 分後，10分後の値。
各点は13—14人の平均値で縦線は標準偏差値。

骨動脈の拍動にふれる。指先はまげた方が感度がよくなる。心拍は一分間の心拍数で表すのであるが、一〇秒間の心拍数をかぞえて六倍する。六秒間の心拍数をかぞえて、一〇倍してもよい。手掌部ではなく、首のつけ根のところにおや指をあてて頸動脈の心拍数をかぞえてもよいが、おや指を強く押しつけると、頸動脈反射がおこって血圧がさがり、気を失うことがあるので注意しないといけない。戦後、プロレスがはやり出したころ、力道山というプロレスラーが空手チョップという新手をあみ出して、相手の頸部を手でたたいて、フラフラにさせていたが、これは頸動脈反射を利用したものである。頸動脈が脳と顔の方へ二つに大きく枝分かれするところにある受容器（頸動脈球）に圧力がかかると反射的に血圧がさがり、同時に意識が低下するのである。最近は、指先の動脈の圧を検出して心拍数をかぞえる装置（プレチスモグラフ）も市販されているので、それを使って心拍数を知るのもよい。心拍数が一五〇以上になると、指先で脈をみる方法では慣れないと測れない。

日ごろ走ったことのない人が準備体操をしないで、いきなり走り出すと動悸がはげしくなって、息苦しくなるので、五分と走り続けることは不可能に近いだろう。有気呼吸が行われないで、心臓が充分な酸素を脳に供給しないので、息ぎれがして苦しいのである。

図2は熟練ランナーと非熟練ランナーとで約四〇〇メートルを全速力で走ったとき、その前後での心拍数を比べたものである。非熟練者では、走る前九〇である心拍数が、走り出すとすぐに一九〇まであがる。走り終わってこのあがった状態から、もとの状態へもどるのに時間がかかる。走るのをやめて三分たって一四〇で、一〇分たってもほぼ同じ状態である。ところが熟練者では、八〇と走る前の心拍数は非熟練者よりは若干低いうえに、走り出しても心拍数の増えは一八〇と少ない。三分後で一二〇にさがる。熟練者では最大の値が低く、早くもとへもどる第一の理由は、心臓の拍出量が熟練者では多くなっているからである。非熟練者の一回の心拍出量は五〇ミリリットルであるのに、熟練者の心拍出量はその二—四倍になっている。これに対応して心臓そのものも大きくなり、いわゆるスポーツマン心臓（アスレチックハート）になっている。

スポーツマン心臓といっても、どんなスポーツできたえても心臓が大きくなるわけでなく、ランニング、水泳などのように有気呼吸をする持久的筋運動を長時間続けたときになるもので、一〇〇メートルを走る短距離ランナーのように、無気呼吸をする急速筋運動をする人の心臓は大きくならない。

ランニングを続けていると、安静時の心拍数は減ってくる。フィジカル・フィットネスができると五〇—六〇が普通である。安静時というのは、ただ静かにしているときのことであるが、朝、目ざめて、ふとんから出る前に測るとよい。私の心拍数は、ランニング前に七五であったが、走り続けて六カ月で六〇までさがった。マラソン選手では三五—四〇の人も少なくない。何年も走っている人では五〇前後になってくる。これは心臓血管系とその神経支配がランニングに適応したのである。心臓そのものが大きくなって、一回の心拍出量が増える。このため、末梢へ血液を送り出す回数を減らすよう自律神経系（交感神経と副交感神経）が働いているのである。心拍数を遅くするのは迷走神経の緊張状態がたかまったためにおこっている。

セカンド・ウィンド

走り出して数分間は、よく走りなれたランナーでも息苦しくて、非常にきつく感じることがある。夜ふかしをしたつぎの日の朝とか、二日酔いのつぎの日とかに走ると、ゆっくり走っても、もう走るのはやめようかと思うくらい苦しいことがある。しかし、ランニングを続けて五―八分くらいたって体温が少しあがって汗が出てくるころになると急に呼吸が楽になる。この瞬間が前ぶれなく急にくるので、セカンド・ウィンド（次息）といわれている。この時期を過ぎると一時的に増大した呼吸量と、あがった心拍数もやや減って、安定状態になる。この状態では、筋を急に動かしたあとなので、筋や血液の中に代謝産物がたまっているが、筋肉への酸素運搬の需要と供給のバランスがとれて、平衡状態になっている。

セカンド・ウィンドがくるまでは呼吸筋も無気的に働かされているので、ときに脇腹に痛みを感じることがある。これは横隔膜の筋肉に酸素が供給されないために痛みをおこす神経が興奮したためと思われる。脇腹の痛みがおこるのは未熟練のためであるから、初めて痛みを経験したらランニングのスピードをゆるめたらよいし、心理的に耐えられればそのまま走り続けても心配はない。注意すべきことは、この痛みを心臓発作の刺すような痛みと間違えないことである。おこる場所が違うし、痛みの性質も違う。間違えたら致命的である。

セカンド・ウィンドがくると楽な気分になるだけでなく、いつまでも走り続けられるような壮大な気分がしてくる。外の景色をみて走っているときは、心なしか美しくなったような気分がしてくるのである。

こうなったら一定のリズムで足の交互前進運動を続けることである。途中で止まったりすると、この気分はこわれてしまう。

最大酸素摂取量

はげしい筋作業は長く続けられないが、かるい筋作業は長く続けられる。一〇〇メートルの短距離を全速力で走るときのスピードでマラソンの全距離（四二・一九五キロメートル）を完走することはできない。無気呼吸をそんなに長くは続けられないからである。はげしい運動をするほど、筋肉で生産される乳酸は増え、それが循環血液へ運ばれ、血液中の乳酸の量が増えてくる。この乳酸は肝臓で水と炭酸ガスにまで分解される。血液に乳酸ができることで、無気呼吸によってエネルギー産生が行われていることがわかる。

図3は最大努力で筋運動を続ける場合、有気エネルギー生成と無気エネルギー生成の割合と作業時間の関係を示したものである。一〇秒間のはげしい運動では八五パーセントが無気エネルギーで一五パーセントが有気エネルギー、一分間のはげしい運動では六五パーセントが無気エネルギーで三五パーセントが有気エネルギー、二分間の運動ではどちらのエネルギー生成も

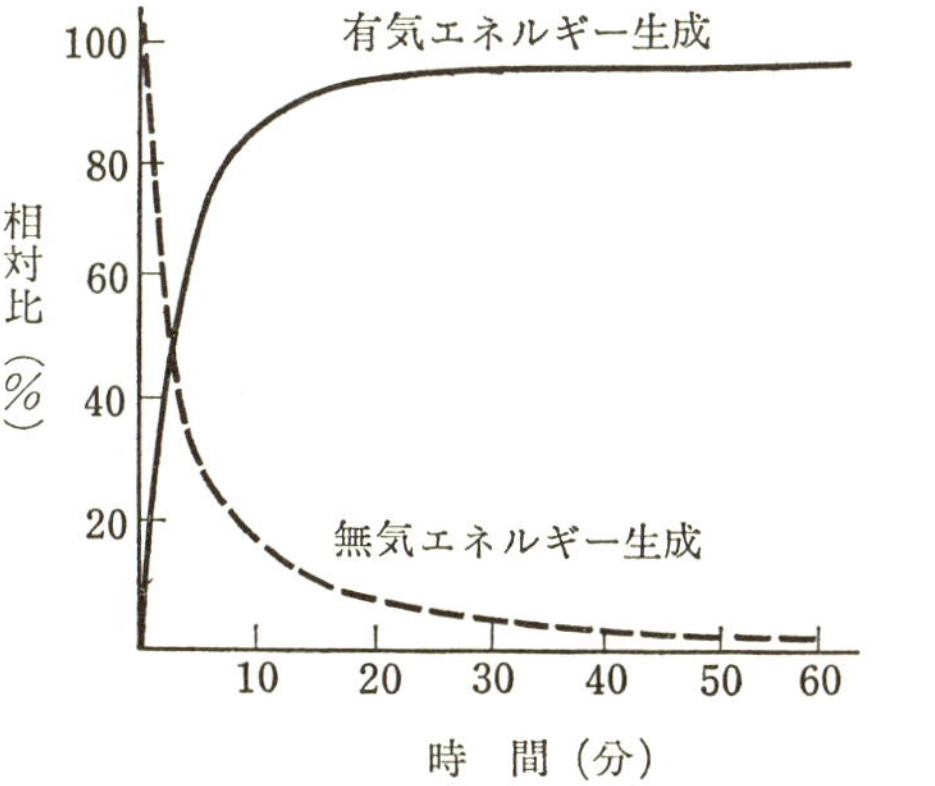

図3　はげしい運動を続けたときの有気呼吸と無気呼吸の割合の比率

五〇パーセントずつである。これ以上長い時間の運動では、無気エネルギー生成は指数関数的に減少していく。一時間のはげしい運動では、無気エネルギーが二パーセント、九八パーセントが有気エネルギー、二時間では無気エネルギーが一パーセント、九九パーセントが有気エネルギーということになる。

短距離疾走はほとんど無気エネルギーでまかなわれ、マラソン、ランニングではほとんど有気エネルギーでまかなわれているのである。有気呼吸では筋肉へ酸素が送り込まれればよいのであるから、心臓血管系と呼吸系がその能力とをもっていればよいことになる。ゆっくり走るのは有気呼吸をするためである。走っていて息苦しいときは無気呼吸をしているからである。

地上で生活して有気エネルギー生成を行っているとき、人がとりうる最大の酸素の量が、最大酸素摂取量（V_{O_2max}という術語で表される）で、その人の最大有気力といわれている。この値は人によって違っている。最大酸素量は心臓の最大拍出量と高い相関があって、最大心拍出量が大きいほど、最大有気力が大きくなるのである。

最大酸素摂取量は男女とも一八―二〇歳がピークで、それまでは年とともに増加していくが、二〇歳以上ではしだいに減少し、六五歳では二五歳の人の七〇パーセントになる。幼児では男女差がないが、思春期以後は差があって、女性は男性の七五パーセント程度である。大人になって規則的な訓練をしても最大有気力を大幅に増加させることはできない。最大有気力は、生まれつきの能力と考えられている。一〇―二五歳にかけての成長期に訓練すれば、かなり改善できるので、若いときにはげしい筋運動やスポーツをしてからだをきたえておく必要がある。

図4に訓練によって最大有気力と最大酸素摂取量がどう変わるか日時変化を示している。一週二時間の訓練を半年間続けたときの変化である。最大酸素摂取量は一・八リットル／分から三・八リットル／分

まで徐々に増えていく。この間、最大有気力も少しは増えるが、月に〇・五—〇・六リットル／分どまりの増えがある程度である。この増加率、幅は個人個人で違っている。高齢の人ほど効果が少ないが、かなり高齢でも少しは効果があるものである。

最大酸素摂取量は、持久的な運動をしないで寝て暮らすような生活をしているとさがってくる。三週間寝かせる実験をした場合（サルティン、一九六八）、三・三リットル／分から二・四リットル／分まで約二七パーセントも減少してしまう。心臓の容積も減り安静時の心拍数は少し増える。同時に運動負荷時の心拍数は一二九から一五四へ増加し、心拍出量は一四・四リットル／分から一二・四リットル／分に減少してしまうのである。だから、ランニングを始めて体力ができても数カ月もしないでいると、もとの状態に心臓血管系はもどってしまうのである。ランニングを休んで三日もたてば、自分で体力の衰えを感じるものである。フィジカル・フィットネスの状態を保つには、たえずランニングを続けなければならないのである。また、一層よいフィットネス状態にするには、たえずランニングの時間をのばしていかなくてはならない。毎日一時間走るのを一年間続けたとして、最良のフィットネスの状態にあるのは、一時間走り始めた最初の日なのである。

フィジカル・フィットネスを得るためにはランニングを二時間続けられるくらいの心臓の能力が必要といったのは、心臓血管系の能力と持久運動の関係から常識的な時間

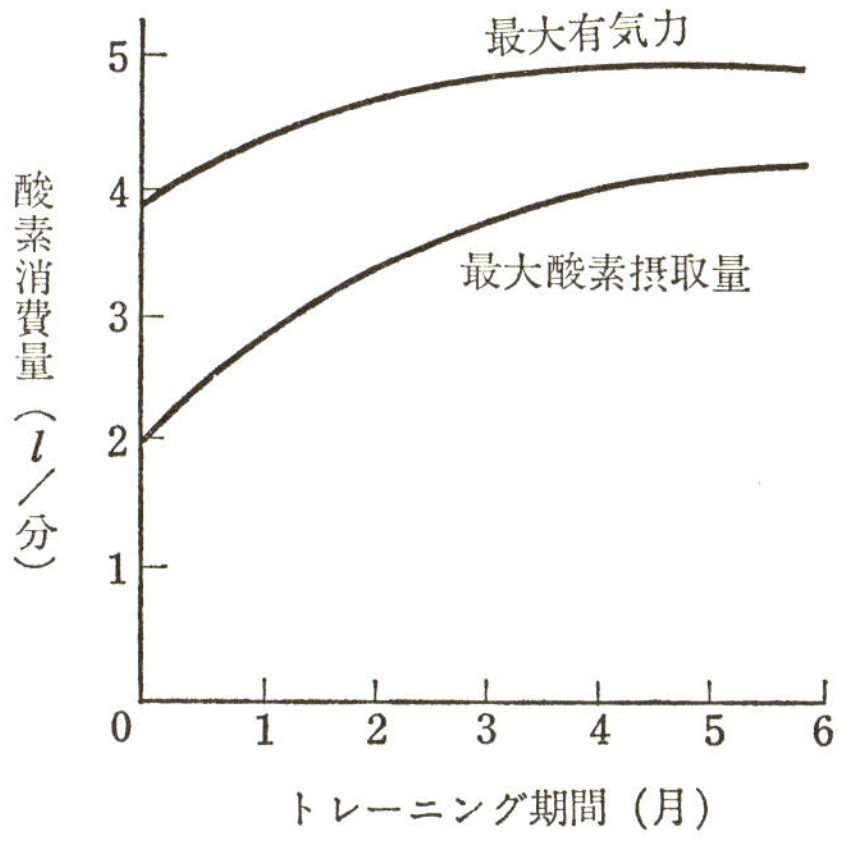

図 4　週2時間の訓練を半年間続けたときの最大酸素摂取量と最大有気力の変化（オストランド，1970）

として提案されているものである（オストランド、一九七〇）。心臓の能力は最大酸素摂取量とは密接に関係し、訓練すれば摂取量が増えて心臓の働きはよくなり、二週間も負荷をかけないと摂取量が減って心臓の働きは悪くなるのである。だからフィジカル・フィットネスの状態にたえずあるためには、たえず持久力運動をして最大酸素摂取量を高いレベルに保つ必要があるのである。

ジョガーの急死

武田薬品「副社長四六歳」痛恨のジョギング死‼ これはある週刊誌の見出しである（『週刊現代』昭和五五年二月二〇日号、三二ページ）。ランナーやこれから走ろうとしている人たちに冷水をあびせるような記事だ。これで「走るのはやはり、からだに良くないのだ」と考えて走らない口実にした人も多いことだろう。

この副社長は自宅の庭でジョギング中に心臓まひで倒れたらしい。「らしい」というのはだれも見た人はいないからで、死に至る経過はわかってない。身長一七〇センチメートル、体重七〇キログラム、骨格のがっしりした人で定期検診でも、やや血圧が高い程度の健康体であったという。高血圧と糖尿病の持病があって、運動することは主治医から禁止されていたとのこと、監察医務院の検死官の談話によれば、高血圧性心肥大があったという。この副社長はフィジカル・フィットネスのない人であったことは間違いない。故人は週に何時間走っていただろうか。週一日ぐらい思いつきのように走っても、フィジカル・フィットネスはできない。持病があるときはランニングの量、時間、スピードに注意しながら走らないといけない。「自分のからだにききながら、無理せずゆっくり走る」という原則が大事である。「自分のからだにきく」とは、もしも、からだに異常な徴候が出たらすぐやめるということである。たえず自分のからだに注意しようということである。苦しければすぐやめる。なにも悪い徴候がなければ走る。たえずからだに注意して徴候をみつけて、からだが悪化するのを防ごうというのである。たまに走る人では、フィジカル・フィットネスはできないので、心臓に急に負担をかけると、反射的に心臓が止まることがある。精神的なストレスだけで迷走神経の緊張状態がおこって心臓の拍動が止まることがあり、心臓まひ、ショック死がおこる。

トレッドミルを使う心臓の負荷テストは、ランニングに似た状態をつくってくれる。ベルトの速度を早くし、トレッドミルに角度をつけることで、ランニングのときと同じくらいの筋肉運動を行わせるので、酸素消費量がランニング並みに増える。このテストの結果、たとえば、心拍数が二〇〇になるまで耐えたならば、その程度のランニングには耐えられるということになる。この検査のときには専門家が心電図を注意深く見守り、異常があればすぐにドクターストップをかけてくれる。この検査を受けて医師から「走ってよい」といわれたら、走っても大丈夫かというと必ずしもそうではない。絶対ショック死しないという保証はなく、負荷のときの程度まで心拍数が増えてもまず事故はおこらないだろうという安心感が得られるにすぎない。日本国内で、このようなテストを行ってくれる開業医はほとんどいない。行ってくれるのは特別な研究機関（医科大学、病院）で、そのような設備を研究に利用しているところだけである。アメリカでは、このようなテストを行う開業医や研究機関が数百とあり、二―五万円程度の費用で、簡単にうけられる。日本でも、もっとできてほしいものだ。このようなテストをうけて、自分の限界を知ったからといって、心臓まひを完全に防止できるものではない。ある程度走れるようになって、走ることに自信ができたランナーの心臓死も多いので、たえず自分のからだに注意しなければならない。トレッドミルの上で走ることは戸外で走ることに似ているが、全く同じ条件ということではない。湿度、気温などの外環境は微妙に違う。トレッドミルテストに合格したからといって心臓死しないという保証はないが、ある程度心臓死しにくい心臓をもっているということはいえる。だれかに頼らないと決断、実行できない人は、このようなテストを実施してくれるところを探し、受検することをおすすめする。トレッドミルでなくて自転車のペダルをこぐやり方（エルゴメトリー）で心臓負荷テストをするところもある。

心臓血管系の病気のある人や三五歳以上の人は走る前に心臓検査をうけておくことである。心臓に病気がすでに発生していることがあり、急に走って心臓がおかしくなることがあるからである。ランニングを始める前に胸部レントゲン写真撮影（高血圧性心臓肥大のないことを確かめること、その他のランニングに差しさわりのある胸部疾患のないことも確かめる）、心電図（心筋梗塞その他をおもわせる所見のないこと）、血圧検査（最高血圧が一六〇ミリメートル水銀柱、最低血圧が九五ミリメートル以上であれば、高血圧症になる。一四〇／九〇以下であれば正常、この中間で最高が一四〇―一六〇／最低が九〇―九五が境界値で、要注意というところである）、血液検査（血糖、コレステロール、高密度リポ蛋白、トリグリセライドなど）の値も知っておくことである。

死んだ副社長の場合は異常があるので、普通の医師は走らないようにいう。私なら充分注意して、無理をしないで走り、フィジカル・フィットネスを得られることをすすめる。むちゃに走ってはだめで、ゆっくり走る。自ら走っている医師に助言を求めることができるとよいが、そんな医師は少ない。だから、医師に助言を求めても走ることをすすめない医師の方が多い。相談してランニングを止められたら、別の医師にもきくことである。普通の医師にランニングの生理学についての知識を期待しても無理である。医科大学でランニングの生理学と医学について講義しているところはないといってもよいほどである。だかと考えてもよいのではなく、「どれくらいのスピードで、どのくらいの距離を走ってもよいか」ときき、ランニングしてもよい程度と量を答えてもらうとよい。「走ってもよいか」とききつつ「だめだ」といわれると、すべてが否定されてしまい走れなくなる。心臓専門医がいるところで、踏み台テストやトレッドミルテストをうけて、実際に運動の負荷をかけて酸素消費量、心電図をしらべてもらうともっとよい。ただし、このテストのために事故死することも報告されているので注意しなければならない。急な心筋梗塞で死んだ元総理大臣大平正芳氏は、心臓の負荷試験をうける前に病院でなくなられてしまった。一流の病院で二四時間心電図をとり続け、医師が監視を続けていても、心臓発作で死ぬことはある。

心臓を支配する動脈の冠動脈系の壁が肥厚したり、コレステロールがたまって硬化があったりして、心筋梗塞の発作がおこると三分の二の人は発作の直後死ぬ。幸い、生きながらえた人も、ランニングを続けてフィットネスができると完全治癒することがある。これは心臓をとりまく冠動脈の枝に毛細血管が新しくできるからである。また、心筋梗塞で心臓の冠動脈の一部を人工動脈に取り換える手術をした人で、マラソンを完走できるようになった人も多くある。だから、このような人でも、適切なランニングを行えば、フィジカル・フィットネスが得られ、健康な身体になれるということである。そのためには決して無理なランニングをせず、少しずつランニングの時間と距離を増やしていくことである。走っているときに胸部に痛みがきたら即刻中止する。走る目標は週に二時間でゆっくり走り、だんだんと負荷を増やす。医師に運動を止められた場合、走るか走らないかは本人がきめればよい。本人のからだなのだから、自分のからだにきいてから走るのである。

興味ある一医師の経験例がある（『ランニング体験集』）。

四九歳のとき、彼は糖尿病と高血圧の肥満体（八二キログラム）であったが、心筋梗塞の発作で倒れ、心臓監視装置（ＣＣＵ）に入れられ一命をとり止めた。その後、一念発起して断食による減量とランニングを始める。半年かかって、やっと三キロメートルの持続走ができるようになった。厳重なカロリー制限とランニングの双方で五九キログラムになり、走り始めて一年半でフルマラソンの距離を完走した。しかし、自分の心電図に虚血性変化らしいものが見つかり、友人の心臓専門医に相談したら、絶対安静を命ぜられた。心筋梗塞のあとで走るのはとんでもない暴挙であるといわれた。しかし、こっそり走ってみると気分は爽快で心電図はかえって好転している。某医大教授に相談したら、負荷テストによって運動負荷の上限をきめ、その範囲内でマイペースのジョギングをすることをすすめられた。この医師はホノルルマラソンに参加するためホノルルに出かけて、そこでトレッドミルテストをうけて、最高血圧二一〇、心拍数一九〇に耐えられることがわかり、マラソンは三時間四六分で完走している。

この医師の経験は何を物語っているか。心筋梗塞は治癒するということと、医師一般のランニングの知識は必ずしも高いレベルのものではないということである。心電図をとって診断に利用する医師も、ランナーの心電図についてあまり知っていないからだ。

ランニングを数年以上続けると心電図に異常が出てくることがある。たとえば心臓が普通のリズムのとき以外にも収縮して、心電図に期外収縮の波が出る。これは走っているときは消えてしまうもので、心配することはないが、ランニングのことを知らない医師にかかると病気と間違えられること皆無とはいいがたい。

ランニングの事故死の調査はほとんどないが、大部分は心臓血管系の異常でおこると考えられる。中でも一番多いのは心筋梗塞であろう。

心臓死した人（約二〇〇万例）の中からランニング中に死亡した人の病理解剖例を一八例集めた報告がある（P・トンプソンら『アメリカ医師会雑誌』一九七九）が、このうち一三例は冠動脈の硬化があったが、生前心臓に症状のあったのは六例にすぎなかった。この一三例のうち六例では胃痛といった症状が発作の直前にあった。この一六例の死亡例の多くは数年以上走る経験をしている人で、血圧、体重、コレステロールなど普通のランナー並みであった。この報告ではランナーの急死に冠動脈不全がかなりあるということ、死の前に自覚症状がかなりみられることがわかる。また、この急死は全例男性であった。困ったことに、心臓発作がおこっても自覚症状の出ない無症候性心筋梗塞が、症状の出る心筋梗塞に匹敵するくらいの数もある。その診断法も現代の医学では確立していない。

ランニングの事故死の原因が充分に解明されていない現在では、走るときは死の危険がつきまとっていると考えるべきである。自分はフィジカル・フィットネスがあるから事故死しないとはいえないのである。発生率は低くても必ずある。零にはなっていないのである。

心筋梗塞にかかりやすい性質を、医学的には心筋梗塞の危険因子（リスクファクター）といっている。いろいろあるので、この因子をあげてみる。

一　女性より男性、若い女性より更年期を過ぎた女性
二　高齢
三　高い血清コレステロール値、高い血中トリグリセライド値、低い高密度リポ蛋白値
四　高血圧（高い最高血圧、高い最低血圧）
五　肥満
六　喫煙（紙巻きタバコ）

七　糖尿病
八　ストレス
九　A型行動の人（競争的、良心的、努力型、気短か、攻撃的、せっかち、過酷な性格）はB型の人（のんびり、決して急がない）より危険である
一〇　運動不足
一一　左心室の肥大のための心電図異常
一二　虚血性心疾患にかかったことがある

このうち私が全く関係なさそうな因子といえばタバコをすわないことぐらいで、あとはすべて関係している。私が走り出す前の血圧は一五五／一一五で高血圧症の境界、血清コレステロール値は三〇〇ミリグラム／デシリットルであった。私ががむしゃらに走り出して、心臓発作に注意していたと書いたが、これでランニング中に心臓発作がおこらなかったからよかったが、これからもおこる危険は常にあるのである。用心して走っても、防ぐ方法はないのである。

私はランニングパンツのポケットに身分証明書など連絡先を書いた名刺を入れてある。だれかが道路上に倒れている私を発見したら、連絡してくれるように。一－二時間走り続けたあとでも普通に仕事ができる現在では、運動負荷テストは必要ないし、成人病にかかることはなくなったが、事故死をする可能性は今でもある。

第三章　やせる

厚生省が五年おきに発表する栄養所要量の基準によると、昭和五五―六〇年度の日本人の一日あたりの必要カロリー数は*、標準男子二二〇〇―二四〇〇カロリーで、標準女子では一九〇〇―二〇〇〇カロリーである。普通の人がこれより多く食べると体重は増え、少なく食べると体重が減る。運動を多くすると体重は減り、運動をしないと体重が増える。運動をしないで食べすぎると、余分のエネルギーは脂肪となっ

表 1　年齢別の日本人の基準エネルギー所要量

年齢（歳）	エネルギー (kcal) 男	女
0　0（月）	120/kg	
0　2（月）	110/kg	
0　6（月）	100/kg	
1	970	930
2	1,240	1,200
3	1,400	1,350
4	1,500	1,400
5	1,600	1,500
6	1,700	1,600
7	1,800	1,600
8	1,850	1,700
9	1,900	1,800
10	2,000	1,900
11	2,100	2,100
12	2,300	2,200
13	2,400	2,300
14	2,600	2,300
15	2,650	2,200
16	2,700	2,200
17	2,700	2,100
18	2,650	2,100
19	2,600	2,050
20	2,500	2,000
30	2,400	1,950
40	2,300	1,900
50	2,200	1,800
60	2,000	1,700
70	1,800	1,500
80	1,600	1,400

<注>「普通の労作」をする人（職業でいえば，小中学校の教師，医師など）の基準で，一般サラリーマンなど「軽い労作」にあたる人々はこれより低くなる。また身長の大きな人はこれよりやや多め，小さな人は少なめになる。

て皮下脂肪組織にたくわえられる。表1に年齢ごとの基準エネルギー所要量を示す。

＊水一グラムの温度を摂氏一度あげるのに必要な熱量（エネルギー量）が一カロリーである。水一リットルを摂氏一度あげる熱量は一〇〇〇カロリー、一大カロリーであるが、食べ物を問題にするときはこの単位では小さすぎるので、この一大カロリーを一カロリーといって熱量の単位にしている。一日の食事摂取量二四〇〇カロリーというのは大カロリー表示で二四〇万カロリーなのである。先のカロリー定義は不完全で、水の温度によって、水温を一度あげるエネルギー量は変わっている。国際的な単位表示ではカロリーは使わないで、ジュールという力の単位が使われる。一小カロリーとは四・二ジュールに相当する。これは温度を指定すると圧力一・〇一ニュートン／平方メートルのもとで〇・〇〇一キログラムの質量の水を、指定の温度より〇・五度低い温度から、〇・五度高い温度まであげる熱量である。一大カロリーを一カロリーというように四二〇〇ジュール（四・二キロジュール）を四・二ジュールとよびならわしている。一九四八年の国際度量衡会議ではカロリーはできる限り使用しないこと、もし用いる場合でもジュールの値を付記することが決議されている。近い将来、世界中でカロリー表示は捨てられ、合理的なジュール表示になる運命であるが、本書ではもっぱら古い表示を使っている。

また、熱量という言葉もエネルギーという言葉にかえられつつある。

一グラムの蛋白質は約四カロリー、一グラムの脂肪（脂質）は約九カロリー、一グラムの炭水化物（糖質）は約四カロリー、一グラムのアルコールは約七カロリーの熱量を出す。朝、目がさめて、静かにしているときの熱量消費は、普通の人で一分間におよそ一カロリーである。

皮下脂肪組織はエネルギー予備をたくわえる組織であると同時に、機械的な支持組織や熱の絶縁体としても役立っている。われわれは食べ物が数時間以内に入手できるところで生活しているのだから、エネルギーをからだの内にたくわえる必要はない。それなのに太ってたくわえている人が多いのはなぜだろうか。不思議なことである。おそらく太った人をみる方が気分がよいという学習ができているのだろう。皮下脂肪組織は食べ物が得られない不時のときでも、体重を維持する必要から、哺乳類が進化の過程でもつようになったもので、すべての四足動物には脂肪組織がある。だから四足動物の肉を食べると脂肪をとりすぎるのである。われわれ人間が大量の脂肪を生きるためにたくわえる必要は全くない。七〇キログラムの体重の人の脂肪が七キログラムとすると、この脂肪量で約三五日間、食べないで水を飲むだけで生き続けられるエネルギーである。太った人は何とむだなことをしていることだろうか。余分なものをたくわえ、余分なものを運搬するために、余分なエネルギーを使っている。マイカー運転の省エネルギー対策の一つに余分な荷物をトランクに積んで運んだりしないというのがあるが、余分な脂肪は、まさに余分な荷物である。余分な脂肪は身体の表面にまきつけた毛布のように、皮下にまきつけて運んでいる。

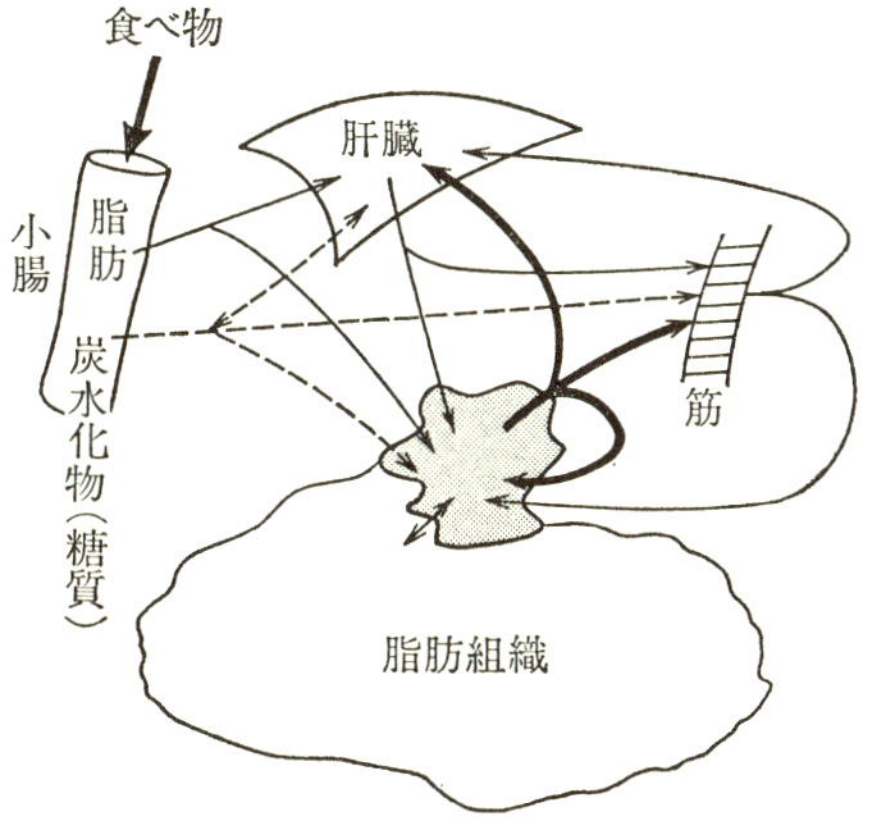

図 5　脂肪組織のエネルギーの出入（ギイル，1962を改変）
口から取り入れた脂肪は小腸で吸収され，肝臓と脂肪組織へ運ばれる。
筋肉は肝臓と脂肪組織からの脂肪酸，小腸からの炭水化物をエネルギー源にしている。

図5は脂肪組織を中心としたエネルギーの流出入を示した図である。食べた脂肪は腸で脂肪酸に分解され、血管に吸収されて脂肪組織へ運ばれて、そこでたくわえられるが、一部は肝臓を経由して脂肪組織や筋肉に運ばれて使われる。脂肪酸は肝臓や筋肉で酸化されるか、肝臓で分解されたり、また脂肪組織へもどされる。脂肪の酸化・分解を促進するホルモンがグリカゴンで、膵臓から分泌される。筋肉が働いた結果、産出される乳酸やピルビン酸の一部は脂肪となって、脂肪組織にたくわえられる。図の矢印はエネルギーの動く方向を示しているが、矢印間の相対的な重要さは充分わかってない。このエネル

ギー変換はたえず行われており、どの脂肪細胞もたえず積極的に働いているのである。その意味で脂肪組織はたえず働いている電気毛布のようなものなのである。

皮下脂肪組織は支持組織としても役立っていて、眼球の入っている眼窩では眼筋のまわりにびっしりつまっていて、眼球がグラグラしないようになっている。もしなかったら、ものを注視したとき眼球は固定できないだろう。

皮下脂肪組織は座ぶとんの役も果たしている。二〇キログラム近くやせた私が、脂肪組織の働きについて改めて気づいたことに、固い椅子に座ると尻が痛むことがある。サルのように坐骨結節がシリダコになって角質化していればよいが、皮下脂肪がないから坐骨結節が椅子にあたり、長く座っているのが苦痛になった。私の友人に生理学者でランニング気違いがいるが、彼は机の前で椅子に腰かけてものを書くのが苦痛で、立ったまま書ける立ち机を考案して使っている。先日、私が新幹線に乗ったときのことだが、満席のため車両の床に新聞紙を敷いてその上に座ったら、痛くて我慢ができず、ついに立っていることにした。フィジカル・フィットネスができているから、数時間の立ちん坊も平気である。

絶縁体としての脂肪組織は熱が体外へ逃げないようにまもってくれている。室内の温度は自由にかえられるし、また最近は、衣類でからだをおおうので、からだに受ける熱の量はかなりコントロールできる。だから、皮下脂肪をたくわえる意味がない。太った人はやせた人より夏が暑くて、汗をかいても耐えがたいのは脂肪の熱絶縁性による。私はやせると熱が体内にこもらず放散するようになって、夏の暑さはそんなにはこたえなくなった。脂肪がなくなって、暑いときに汗の出が少なくなった。

また、やせて困ることもおこってきた。寒いとき、手の先が冷たくひえやすいのである。手の手掌面も背面も皮下脂肪が減って薄くなり、指が細くなった。手ぶくろが春先きでも必要となった。

大学卒業した当時の私の体重は六五キログラムであったが、以後二五年間たえず一本調子で増え続けてきた。この間、病気ひとつせず、寝込んだこともなく、体重も減ったことはなかった。時に食事制限をして体重を減らそうとしたこともあって、一時的に体重の増えが止まっていたことがあるが、努力は永続きしなかった。

朝晩ランニングを続けて食生活におこった変化は実に劇的といえる。最初の変化は食べる量が減ったことである。ランニングを始めて二週間目にこの変化に気づいた。いつも夕食のときに米飯を食べるが、走り出す以前は茶わん二杯でやめることができなかった。「三杯目はそっと出し」を実行するのがたいへんな苦痛であった。それが二杯目の茶わんに手を出さなくなったのである。おかずも残っているのを見ると、どうしても箸が動くというのが普通だった。ところが、適量で箸を置くことができるようになり、食べ物を残すことができるようになったのである。それまでは食べ物を余すことなく、すべてガツガツと食べることを美徳とさえ思ってきた。昭和一けた生まれの男の哀しさか、戦後の食糧難時代に、食べ物で苦労したからか、駅弁のふたについた米つぶさえ、きれいにさらえて口に運ばないと気のすまない私にとって、食べ物を残すことは悪であった。食事のとき、食べすぎると、家内から「もう、やめなさい」といわれたうえに「全く餓鬼だ」とか「ブタ並み」とたえずいわれ続けられても、一向に気にせず二杯目に手を出していた。それが、手を出さなくなったのだからたいへんな変化である。

食事のとき、ある程度胃袋の中に食べ物を放り込み、ある程度ふくれると満腹感となり食べ続けるのをやめるのであるが、私の場合、かなりの量を胃袋に入れないと満腹感がこない。食べるスピードが早いので、どうしても食べすぎてから満腹感がくることになる。「急いで食べるな」と何度も注意されたが、「早めしと何とかは芸のうち」と得意になって早食いをしていた。ところがランニングをはじめた直後から、食べるスピードが遅くなったのである。ランニングの結果、まず食べたいという欲、食欲も減ってきたのである。食欲の減少、食べるスピードの減少、手を出さぬ意志の強まりと三つの相乗作用でガツガツ食べなくなり、ゆっくりと食べるようになった。そして、食事をたのしむ傾向が強くなったのである。食べ物の味もよくわかるようになった気もするが、これははっきりとはいえない。この変化のうちに、食べる食べないの意思決定がやりやすくなったことは自分でも驚くほどで、走ることで、そんな変化がおこるとは私の知識では予想もできないことだった。食べないときめると、未練なく欲を絶つことが苦痛でなくなった。我ながら感心するほど思いきりがよいのである。たいへんな行動の変化なので、家内はただただあきれてみている。行動のコントロールがやりやすくなって意思決定が容易になることは、多くのランナーがランニングの効果としてあげていることで、精神エネルギーのたかまりの一つといってよい。

自宅と研究所の間の一・八キロメートルを朝夕約九分ずつかけて、ゆっくり往復しているだけで二週間目に出てきた変化である。このために消費されるエネルギーは、時速七キロメートルとして一日あたり約四五〇カロリー（一〇〇メートルで約一〇カロリー消費）である。これは茶わんに軽く二杯分の米飯、インスタントラーメン一個半分のカロリーに相当する。これだけが今までよりも余分に消費されることになる。脂肪に換算すると約五〇グラムにすぎない。朝食の量も目立って減った。ランニングをする前は食パン八枚切スライス一枚とハム一枚をはさんで食べていたが、それだけではたりずマヨネーズなどの調味料をつけて食べていた。これで約一五〇カロリー相当だったが、これが半分に減ったので七五カロリーは減った（ハムスライス一枚は約四〇カロリー、食パン一枚は約八〇カロリーである）。マヨネーズなどはつけないようになった。飲むコーヒーの量も少なくなった。こうしてランニングを始めて三週間で二キログラム体重が減ったが、これだけの量の脂肪をもやすと発生する熱量は一五〇〇〇カロリーである。一日あたり約一〇〇グラム体重が減っていった計算になる。なお、この間にアルコールを飲む量は全く変わっていない。積極的に走ってエネルギーを消費した分だけの体重減少だけではなく、食欲の減少、意思の強化といった二次的変化がおこっておきた相乗作用である。

体重減少は生活に影響してくる。ランニングを始める直前にスーツをオーダーしたが、できあがるまでの一ヵ月間に体重が減ったので、受け取って着用したところ、ダブダブになってからだに合わなくなった。服売場の店員は「今なら無料で仕立て直しますよ」といってくれたが、記念のため、そのまま持ち帰った。それ以後も体重減少が続き、今では不恰好で着ていられなくなってしまった。

多くのランナー経験者が語っていることであるが、ランニングを始めて半年間で五—一〇キログラムの体重を減らすのはそんなに難しいことではない。私の経験のように食事制限にとくに努力しなくても減少していく。食欲に対する変化、ランニングによるエネルギー消費がおもな影響である。ランナーの食べ物は、普通の人と違ったものが必要なわけではない。バランスのとれた栄養物（炭水化物、脂肪、蛋白質、ビタミン、ミネラル類）が適当に含まれていればよいのである。筋肉を使わないで食事療法だけで体重を減らすと、水分減少、筋肉実質の減少をおこすので、非生理的である。疲れやすくなるし、力が出ない。からだの水分が減った見掛けの体重減少がおもだから、食事療法をやめると体重がすぐにもとにもどる。運動をして体重を減らした場合はそんなことはない。やめても体重の増えはゆっくりである。

ランニングを始めて半年もたつと、やり始めのころほど、体重は減らなくなる。以後は食べ物の入力とエネルギー消費を考えて食べて、量を減らしていかないと体重減少を続けることができない。

プリティキンとは心臓血管系の疾病の治療と予防のために、独特な食事療法の処法をつくり、運動（ランニングか歩き）を課するクリニックを開いているアメリカの内科医である。彼がこのような治療（プリティキン療法とよばれている）を始めるようになったのは、自己の苦い体験からである。

あるとき、好奇心から血液中のコレステロール値を測ってみる。約三〇〇ミリグラム／デシリットルであった。これはアメリカでは正常の上限と考えられている値（日本では二五〇が上限）で、「正常範囲の高い方で心配いらないが、これ以上高くしてはいけない」と医師にいわれたが、普通に食事をし、普通におやつを食べていた。いつまでも三〇〇ミリグラム／デシリットルくらいだろうと予想して。そこで念のために踏み台をあがりおりする踏み台テストをして心電図をとってもらったところ、心不全の徴候があった。診てくれた医師は「心配いらない。正常だ」といってくれた。それから二年たって心電図をとってもらったところ、冠動脈不全があり、左心室の後壁に乏血があるという診断が下った。「どうしたらよいか」と医師にきくと、あらゆる運動を中止し、階段の昇り降りはしないこと、余生を気楽に暮らすことだといわれた。彼は毎日、昼寝をする典型的な心臓病患者となった。

彼はいくつかの疫学的[*]な文献を読んでいるうちに、血清コレステロール値が一六〇ミリグラム／デシリットル以上になると、動脈がつまりやすくなると確信するようになっていた。だから、もしコレステロール値を一六〇以下にさげたら生きのびるチャンスがあるだろうと考えた。そこで某州立大学医学部の栄養学教室を訪れ、責任者に「私のコレステロール値をさげる食事を処方してくれ」と頼んだが一笑された。「コレステロール値のコントロールはできない。もし、そんなことができたら、病気になってビタミンやミネラルの不足がおこりますよ」と。医学的な助けが得られないので、自分で食事を変えることにした。一九五八年四月、四三歳になったときに決心して菜食主義者に転向して動物蛋白を食べないことにした。五月になるとコレステロール値は一六〇にさがった。しかし、心臓の踏み台テストでは改善の影響はまだない。始めて一年半で（一九六〇年一月）コレステロール値は一二〇になった。そのうえ、心電図は正常にもどったのである。つまり、左心室の後壁に栄養血管が新生して、血液量を増やすことができたのである。そこでランニングを始めた。しかし、ゆっくりと走るようにし、五年たった一九六五年には一時間走り続けられるようになった。コレステロール値は一〇〇―一二五の間である。トレッドミルテストを行ったところ、心拍数は一七七で二〇分間走り続けられた。しかも冠動脈不全の形跡は全くおこってこない。心臓病が治癒したのである。一度は死ぬ覚悟をしていたのに、この六年間の食事と運動のためにじっとしていても心臓に充分血液がいくようになったのである。休まないで、一五キロを走り続けられる心臓をもつようになったのである。彼は『プリティキン療法』という本で減量のやり方について、自分の体験を第一の症例として記載している。

＊ 多数の人たちの示す症状や行動を観察して病気の原因と結果について研究するいわば生態学的なやり方で、直接原因と結果をしらべる実験的研究とは違ったやり方。

プリティキンの書物の第二例は、九〇歳の老婦人の成功例で、人はやる気になれば、健康への努力は年をとっても遅すぎることのないことがわかる。八〇歳になったW夫人（身長一四八センチメートル、体重四四キログラム）は五〇歩以上歩くことはできない。血液の循環がわるいので、夏でも手ぶくろをはめている。六七歳で狭心症の発作が始まり治療をうけ始め、七五歳で心筋梗塞の治療をうけるため入院している。心臓、関節、血圧の薬を常用していた。やがてベッドに臥す生活となり、部屋内をやっと歩ける程度で大小便はベッドで始末するようになった。一九七〇年、八一歳でプリティキン療法を自宅で始める。菜食を主にし、動物蛋白は減らすこと一年で薬は不要となった。血液循環がよくなって歩けるようになった。二年後で五キロメートルは歩け、五〇〇メートルは走れるようになった。一九七五年には一・六キロメートルのランニング大会に出場し、年長グループで第一位に入賞する。九〇歳現在でも健在で毎日一・

六キロメートル走り、菜食を続け、重量あげ運動もやるほどである。

このような経験からプリティキンが始めたプリティキン療法とは、ランニングや歩行と食事療法を併用して減量する療法である。彼は減らすべき体重と食べる物の内容をこまかくきめて実行させている。

空腹感を感じたときには、生セロリーその他、低カロリー野菜を食べることをすすめている。セロリー一〇〇グラムはわずか一七カロリーにしかならないから、胃をふくらませるだけの目的には都合よい食べ物である。セロリーを紙袋に入れ、たえず携帯して空腹感があれば食べる。体重を最大限に減らそうとする場合（一ヵ月に四—五キログラムの減量の場合）には一日の摂取カロリーを六〇〇カロリーとして、食事の回数は二回にする。一日中、袋に低カロリー野菜を入れて持ち歩き食べることをすすめている。セロリー（一七カロリー／一〇〇グラム）と限らず、キャベツ（二四カロリー）、きのこ（ほとんど〇カロリー）、きゅうり（九カロリー）、かぶら（二五カロリー）、レタス（一四カロリー）、トマト（三三カロリー）もよい。

肥満

肥満とは身体の脂肪組織量が異常に増加した状態であり、肥満症とは肥満が病的な場合にいう病態名である。

体脂肪の量を厳密に測定するには、被験者を水中に沈めて比重を求めて、脂肪以外の体重（除脂肪体重）のもつ比重から概算する方法、重水を注射して体内水分を薄めて概算する方法、放射性カリウムを注射して放射能を検出して希釈されかたをみてきめる方法などあるが、いずれもかなりの誤差（数キログラム）があり、正確には測定できないし、また実用的でない。皮下脂肪の厚さを測定するのは簡単であるが、これだけで肥満の程度をきめるわけにもいかない。便宜的には身体の一部分の皮下脂肪の厚さを測って、その数値を比較するのであるが、日本でよく用いられるのは上腕のうしろ、上腕三頭筋をおおっている部分（上腕背部）と肩胛骨の下端の部分の厚さを皮脂厚計というものさしで測る。この二つの値を合計して、その値を比べる。皮脂厚計とは簡単な測定器であるが、一定の強さの力が入るようになっている。ひとさし指とおや指でかるくつまんで、その距離をよむとだいたいの値が出る。この値と体脂肪量との関係をしらべた厳密なデータはないので皮下脂肪厚がどれほどであれば、どの程度の肥満かということは厳密にはいえないのであるが、おおまかにいって、二カ所の厚さを加えたものが四〇ミリメートルをこえると病的な肥満の問題がおこってくると考えてよい。

昭和五三年度に厚生省が行った国民栄養調査の成績では、皮下脂肪厚が、男で四〇ミリメートル以上の人は二〇—三〇代で約一三パーセント、四〇歳代、五〇歳代で一五パーセント程度みられる。女で五〇ミリメートルの人は二〇歳代で約一〇パーセント、三〇歳代で一八パーセント、四〇歳代で二二パーセント、五〇歳代で二三パーセントもいる。つまり、日本人の大人の五人に一人は肥満の問題をかかえているといえる。

体重だけで肥満の程度をきめることもできない。同じ体重でも身長の違う人がいる。骨組みのガッチリした人や筋肉質の人とそうでない人で脂肪以外の体重（徐脂肪体重）は違っている。体脂肪量は簡単に測れないので、実際上の肥満の判定は体重をもとにし、皮下脂肪厚を参考にする。

体重で肥満を比べるには比較の規準になる標準体重表が必要である。ところが、身長の違いで体重の違う標準体重表があればよいが、規準にするよいものがないのである。多数の人たちの身長と体重を測定し

表2　成人の標準体重と身長の関係（松木　駿，1979）

身長 (cm)	体重 (kg) 男性	女性
148		49.7
149		50.1
150		50.5
151		51.0
152		51.5
153		52.0
154		52.5
155	54.0	53.0
156	54.5	53.5
157	55.0	54.1
158	55.5	54.7
159	56.1	55.3
160	56.7	55.9
161	57.3	56.5
162	57.9	57.1
163	58.5	57.7
164	59.1	58.3
165	59.8	58.9
166	60.5	59.6
167	61.2	60.3
168	61.9	61.0
169	62.6	61.7
170	63.3	62.4
171	64.0	
172	64.7	
173	65.4	
174	66.1	
175	66.9	
176	67.7	
177	68.5	
178	69.3	
179	70.1	
180	70.9	

て、その平均値と標準偏差値をしらべ、しかも死亡率がもっとも低い人たちの体重と身長の値がわかっているとよいのだが、そのようなものはない。

アメリカのメトロポリタン生命保険会社では、数十万人の体重と身長の測定から標準体重表をつくって発表しており、アメリカの医師もこれを参考にして肥満かどうかを判定している。そのような日本人のデータは発表されていない。アメリカのデータを参考にして成人体重表をつくって利用しているのが実状である。

表2が、そのようにして実際に某医科大学の内科で利用している体重と身長の関係表である。この表からは体重の軽い人、重い人、身長の低い人、高い人の値は標準よりはみ出してしまう。日本人の体重をコントロールするのに、アメリカ人の標準体重表を使うのは悲しく、恥ずかしいことであるが、ないのでやむをえない。だから、この表は一つの目安であって、絶対的に信用して、この値でなければならないというものではない。

アメリカの生命保険会社で約四九〇万人の最低死亡率と年齢・体重の関係をみたデータがあるが、三五歳以下では平均の体重より少し太ったところに最低死亡率があり、三五歳からはちょうど平均体重ぐらいのところにある。さらに年齢が増すと、ややややせたところに最低死亡率がくる。だから二五—三〇歳くらいの平均体重が理想的な体重であるというのである。普通の体格の人では、表2の体重より約五パーセント低い体重が理想体重と考えてよい。

信頼できる日本人の標準体重表がないので、ブロカ指数が標準値として使われることもある。ブロカ指数とは身長（センチメートル）の値から一〇〇を引き算してキログラムをつけて標準体重としたものである。ヨーロッパではこの指数が使われているが、日本では「やせ」が多いので、たいした学問的根拠もないのに「ブロカ係数×〇・九」という値も使われている。ブロカ係数またはその〇・九倍の係数で肥満を判定すると、身長の低い人の正常体重を誤って肥満と判定する欠点がある。また、身長の高い人の肥満を見逃してしまう。

標準体重の何パーセント以上を肥満とするかは、客観的なデータがあるわけではない。しかし、表2の標準体重を一〇パーセントこすと、高血圧、心筋障害、糖尿病合併症が標準体重のマイナス一〇—プラス一〇パーセントに比べて増えてくるので、臨床的には一〇パーセント以上が肥満とされている。表2で自分の身長から標準体重をしらべ、体重がこの値より一〇パーセント以上多い人は要注意である。

四〇歳以上の男性では肥満が非常に多くなるので要注意である。男性では年齢とともに肥満の頻度は増え、五〇歳が最多であとは減少するが、これは六〇歳からやせるのではなく、太った男性は「あの世」へ行って数に入らなくなるからで、肥満者の死亡率が高いためである。七〇歳以後も生きたい人は太ってない方がよい。自分のまわりを見まわして太っている人で、女性では七〇歳以上、男性で六〇歳以上の人は少ないことに気がつくとよい。昭和五五年、総理大臣大平正芳氏が急死したのは七〇歳のときで、少し肥満があった。女性でも五〇歳代では肥満の頻度は増すが、死亡率は男性と違って六〇歳になっても減少は

表3　日本人成人の身長と体重の関係（昭和53年度国民栄養調査より）

（A）身長階級・体重階級（男，年齢階級別）

（人）

体重 / 身長	総数	30kg未満	30〜33	34〜37	38〜41	42〜45	46〜49	50〜53	54〜57	58〜61	62〜65	66〜69	70〜73	74〜77	78〜81	82〜85	86〜89	90〜93	94〜97	98kg以上	不詳
総数	5,151	3	1	12	46	195	371	763	992	928	753	440	299	174	95	41	16	9	3	4	6
140 cm未満	7	1	—	2	1	2	1	—	—	—	—	—	—	—	—	—	—	—	—	—	—
140 〜 143	11	—	—	—	4	5	—	1	1	—	—	—	—	—	—		太りすぎ		—	—	—
144 〜 147	47	—	—	1	8	11	12	8	3	—	3	1	—	—	—				—	—	—
148 〜 151	188	—	1	6	9	40	38	34	38	11	7	3	1	—	—	—	—	—	—	—	—
152 〜 155	454	1	—	2	13	69	85	98	84	46	36	13	6	1	—	—	—	—	—	—	—
156 〜 159	792	—	—	1	6	33	74	177	189	143	90	45	21	10	1		2	—	—	—	—
160 〜 163	1,193	—	—	—	3	27	95	216	260	251	172	81	48	28	7	2	1	1	1	1	—
164 〜 167	1,094	—	—	—	1	6	46	131	217	220	187	126	85	35	32	6	—	1	—	1	—
168 〜 171	817	—	—	—	1	2	17	77	144	167	155	91	66	55	22	14	1	4	—	2	—
172 〜 175	377	1	—	—	—	—	2	18	43	64	78	50	49	33	17	10	7	2	1	—	—
176 〜 179	130	—	—	—	—	—	1	2	11	21	24	26	17	8	10	7	2	1	—	—	—
180 〜 183	30	—	—	—	—	—	—	—	2	4	1	4	5	4	5	2	2	—	1	—	—
184 〜 187	3	—	—	—	—	—	—	—	—	1	—	—	1	—	—	—	1	—	—	—	—
188 〜 191	1	—	—	やせすぎ		—	—	—	—	—	—	—	—	—	1	—	—	—	—	—	—
192 cm以上	—	—	—			—	—	—	—	—	—	—	—	—	—	—	—	—	—	—	—
不詳	7	—	—	—	—	—	—	1	—	—	—	—	—	—	—	—	—	—	—	—	6

（B）身長階級・体重階級（女，年齢階級別）　　（人）

体重 身長	総数	30kg未満	30〜33	34〜37	38〜41	42〜45	46〜49	50〜53	54〜57	58〜61	62〜65	66〜69	70〜73	74〜77	78〜81	82〜89	86〜93	90〜93	94〜97	98kg以上	不詳
総数	6,978	6	35	154	475	1,082	1,195	1,466	1,081	668	345	165	87.	40	21	6	5	1	1	3	2
140 cm未満	290	3	18	54	65	66	41	23	12	5	2	1	—	—	—		太りすぎ		—	—	—
140 〜 143	588	1	6	35	97	141	115	89	55	35	7	4	1	2	—				—	—	—
144 〜 147	1,165	1	6	39	133	224	251	233	142	71	42	16	5	—	1	—	1	—	—	—	—
148 〜 151	1,628	—	4	18	103	302	349	330	248	143	64	37	18	6	3	1	—	1	—	1	—
152 〜 155	1,683	—	1	6	61	234	374	367	284	186	88	45	17	11	4	1	—	—	—	1	1
156 〜 159	1,052	—	—	2	14	90	194	239	211	136	83	24	31	14	9	1	3	—	1	—	—
160 〜 163	450	1	—	—	1	21	60	103	105	62	48	26	12	4	2	3	1	—	—	1	—
164 〜 167	106	—	—	—	—	2	10	19	22	27	10	9	3	2	2	—	—	—	—	—	—
168 〜 171	10	—	—	—	—	—	1	2	—	3	1	2	—	1	—	—	—	—	—	—	—
172 〜 175	2	—	—	—	—	—	—	—	1	—	—	1	—	—	—	—	—	—	—	—	—
176 〜 179	—	—	—	—	—	—	—	—	—	—	—	—	—	—	—	—	—	—	—	—	—
180 〜 183	—	—	—	—	—	—	—	—	—	—	—	—	—	—	—	—	—	—	—	—	—
184 〜 187	—	—	—	—	—	—	—	—	—	—	—	—	—	—	—	—	—	—	—	—	—
188 〜 191	—	—	—		やせすぎ		—	—	—	—	—	—	—	—	—	—	—	—	—	—	—
192 cm以上	—	—	—				—	—	—	—	—	—	—	—	—	—	—	—	—	—	—
不詳	4	—	—	—	1	—	—	1	1	—	—	—	—	—	—	—	—	—	—	—	1

Aは男子で，Bは女子。囲みは標準体重の人の分布（表2より計算したもの）。2本の斜線は体重が標準より10%多いか少ないかを示す。斜線の左右の体重の人は太りすぎかやせすぎである。

なく、七〇歳以上になって減ってくる。

肥満は脂肪の量が多いのであるが、脂肪を含んでいるのは脂肪組織の脂肪細胞で、肥満が思春期以前に発生すると脂肪細胞数が増加するが、青年以後の発生ではそれほど増えず、脂肪細胞が脂肪をたくさん含んでふくらんでくるだけである。中年以後に発生する肥満の場合には、脂肪細胞の中に貯蔵される脂肪の量が増え細胞が大きくなっているのである。

肥満の人に高血圧が多く、心臓血管病、糖尿病などの成人病の多いことは今や常識になっているが、平均よりやせているのも健康によくないことが、最近、疫学的に注目され出した（『アメリカ医師会雑誌』一九八〇年）。標準体重よりも一五パーセントもやせた人の死亡率は、その他の人たちの二倍もあることが最近報告されている。ガンや結核などの病気でやせた人を統計データから除いてもそうなっている。やせている人も太りすぎの人も長生きはできない。

表3は厚生省が昭和五三年度国民栄養調査を行ったときの成績で、身長と体重の関係を男女別に表にしたものである。約五〇〇〇人の成人男性、約七〇〇〇人の成人女性のデータである。点の範囲が表2の標準体重表での標準体重の人たちで、実線は体重が標準よりプラス・マイナス一〇パーセントの範囲を示している。この実線よりも右上部では肥満があり、左下ではやせすぎで、病気の問題が発生すると考えてよい。病的な日本人が潜在的に多いことにおどろかされるが、標準体重の人も意外に少ないもので、各身長の階層で二—四割である。

あなたの体重はどのあたりに分布していますか。

長距離ランナーの血中脂肪

多くの人の調査で、血液中のコレステロール値と冠動脈不全とは正比例関係にあって、コレステロール値が高いほど冠動脈不全にかかる人が多くなる。マラソンランナーでは冠動脈硬化が少ないことから、長距離ランニングが予防的効果があると主張しているランニング気違いの医者がいるが、データ不足で説得力に欠けていた。最近になって、長距離ランナーと普通の生活をしている人とで、血液中の脂肪の動態をしらべ、両者ではっきり違いのあることを報告した論文があるので、紹介したい(『アメリカ医師会雑誌』二四二巻、五三四―五三六ページ、一九八〇)。

長距離ランナーはアメリカジョガー医師協会の会員で、年に一八〇〇キロメートル（週に三六キロ）以上走っている医師（男性四九人、女性一人）で、一九七七年ボストンマラソンに参加する前日に医学検査を行っている。対照となる正常人のグループはフラミンガム病院（マサチューセッツ州）の医師スタッフ(男性四二人、女性一人)である。この人たちは年に八〇〇キロメートルは走っていない人たちである(週に一六キロ以下)。どちらかのグループの家族に心臓病をおかした例がとくに多いということはなかった。

ランナーグループの医師は、少なくとも過去一―四年間平均して一日に八キロメートルは走っている人たちである。正常グループの医師でも、平均して週に二―三時間はテニス、水泳、サイクリングなど積極的に運動している人たちである。

表4に、臨床データと血液脂肪の動態をランナーグループと正常人グループとで比べた平均値と標準偏差とサンプル人数が示してある。

表4 マラソンランナーと正常人との脂肪動態の比較（マドナーら，1980）

	マラソンランナー			正常人			統計的有意さ
	平均	標準偏差	人数	平均	標準偏差	人数	
	—	—	45	—	—	43	—
年齢	40.2	8.2	51	43.6	11.0	43	—
相対体重	1.03	0.08	47	1.09	0.09	43	<.001
最高血圧（mmHg）	117	11.2	46	120	8.1	38	—
最低血圧（mmHg）	72	1.6	46	75	9.2	38	—
平均心拍数（/分）	55	9.7	44	68	9.3	38	<.001
コレステロール	194.5	31.2	—	199.6	37.0	—	—
高密度リポ蛋白	54.8	14.1		45.0	9.4		<.001
低密度リポ蛋白	110.8	24.6	—	121.0	28.2		—
トリグリセライド	85.4	75.3	—	89.4	49.5		—

最高・最低血圧は一一七／七二と一二〇／七五で両者に差はなく、平均四〇—四三歳の人のグループとしては全く健康な状態を表している。しかし、心拍数はランナーの方が五五／分で正常グループの六八／分よりもはるかに低くなっている。また体重もランナーの方ではるかに低くなっている。ここでは相対体重で表してあり、標準体重表で身体別の体重を求め、それとの比率を出したものである。

高密度リポ蛋白（HDL、善玉コレステロール）は、正常グループでは四五ミリグラム／デシリットルであるが、ランナーグループでは五四ミリグラム／デシリットルでランナーの方が高くなっている。コレステロールの値はどちらのグループでも二〇〇くらいで差はない。低密度リポ蛋白（LDL、悪玉コレステロール）やトリグリセライドも両者に違いはなかった。

ランナーグループの方が体重が少なくて心拍数が低く、高密度リポ蛋白が多い。一般にやせた人ではこの蛋白が多くなるのであるが、一番考えられる要因は走ることであろう。これが増えると冠動脈不全が少なくなるので、予防的効果として、体細胞のコレステロールを肝臓へ運ぶ働きをしていると考えられている。この医師のデータは高密度蛋白が心臓病によいという考えを支持するものである。あなたの血液の脂肪動態はどうだろうか。コレステロール値は低いほど、高密度リポ蛋白は多いほど、心臓病にかかりにくい。この考えには反対の医学者もないわけではない。

食欲

食欲とは何だろうか。厳密に定義しようとすると難しい。生体の中にある要求が出現して、それが満たされるとその要求はきえる。そのような欲求は心理学では動因といわれるが、食欲もそのようなもので、胃に食べ物を満たしたり、ブドウ糖を静脈注射して血糖値をあげたりすると食欲はおこらなくなる。食欲に関係した脳の場所は視床下部にあり、ここには破壊されてしまうと多食と肥満のおこる場所がある。

図6Ⓐは、ヒトの脳の内側面と脳の区分の名前を示してあるが、脳底面の方の間脳の視床下部の黒丸が満腹中枢（腹内側核）である。この満腹中枢を電気刺激すると、たとえ空腹であっても摂食行動が止まってしまう。この満腹中枢のすぐそばの斜線のところ（外側視床下部）を破壊すると動物は餌も水もとらなくなり、ほっておくとやがて死亡する。この場所は摂食中枢（空腹中枢）とよばれている。ここを電気刺激すると動物は満腹になっても食べ続ける。図6Ⓑ・Ⓒにネコの視床下部で空腹中枢と満腹中枢の場所を示してある。人間でも同じ場所が空腹と満腹に関係している。Ⓑ・Ⓒの下方は、これらの中枢を実験で破壊したときの太ったネコとやせたネコを示している。この二つの中枢は互いに干渉し合っており、一方の中枢のニューロン活動がたかまると、他方の中枢のニューロン活動は抑制される。だから、太っている人は空腹中枢の働きが強く、やせている人は満腹中枢の働きが強いのだろうと考えられる。ブドウ糖は満腹中枢のニューロン活動を盛んにし、摂食中枢のニューロン活動を抑える働きがあり、空腹のときにわずか

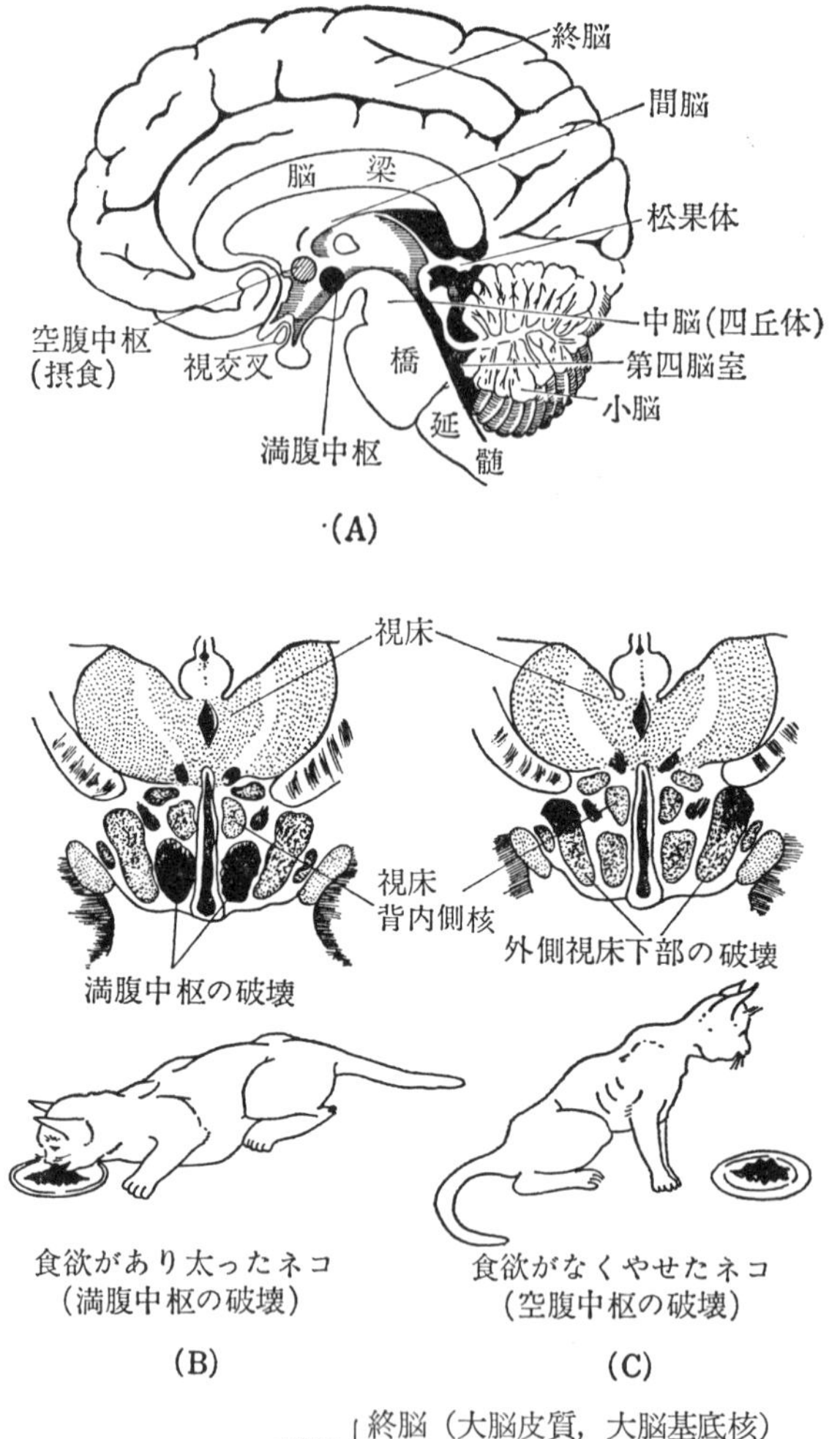

- 中枢神経系
  - 脳
    - 前脳
      - 終脳（大脳皮質，大脳基底核）
      - 間脳（視床，視床下部）
    - 中脳（四丘体，大脳脚）
    - 菱脳
      - 橋小脳
      - 延髄
  - 脊　　髄

（間脳・中脳・橋小脳・延髄：脳幹）

図 6　食欲に関係ある空腹中枢と満腹中枢
（A）　ヒトの脳の内側と脳のおおまかな区分。
（B）　ネコの満腹中枢の破壊とそのときの太ったネコ。
（C）　ネコの空腹中枢の破壊とそのときのやせたネコ。

の糖分をとるだけでも空腹感はなくなる。

肥満になると血液中の遊離脂肪酸が増えてくるが、脂肪酸もブドウ糖と同じように、摂食中枢のニューロン活動を抑制し満腹中枢のニューロン活動を促進する。この結果、空腹感がなくなると説明される。

ランニングで食欲の減るわけ——セロトニン説

視床下部の満腹中枢へは、脳幹の神経核（縫線核）から神経線維の連絡をうけている。ラットでこの神経連絡がこわれると食べすぎがおこって、体重が増え、血液中のインスリンの量も増えてくる。インスリンは膵臓から分泌されるホルモンで、ブドウ糖の分解を促進する作用があり、食物摂取をおこす。この作用は満腹中枢から迷走神経を通って膵臓へ伝えられるので、迷走神経をこわしたり、膵臓をこわしたりしても、食べすぎの程度が軽くなる。また、ラットでセロトニンという物質を運ぶ脳幹の神経構造（橋・延髄）に5・7－ジヒドロキシトリプタミンという薬物を与えると、セロトニンに関係した脳幹構造がこわれて食べすぎと肥満がおこってくる。

ランニングのような持久運動をすると脳幹でセロトニンが大量につくられるのである。いいかえれば、セロトニンを伝達物質とするニューロンが賦活されて働くのである。伝達物質というのはニューロンの間に興奮を伝えるときに働いている物質のことである。この結果、各種の生体防御的、再生的な機能が活発になるが、これが満腹中枢に働いて食べる働きをおさえる。このときに主観的には満足した状態、食欲の減った状態がおこるのではなかろうか。

ラット（成熟メス）を、運動グループとそうでない非運動グループに分ける。運動グループは毎日三〇分間トレッドミルの上にのせて走らせる（トレッドミルのスピードは四五センチメートル／秒とする）。このランニングを週に五日間、連続八週間続ける。その後ラットを殺して脳をとり出し、大脳、小脳、脳幹部でセロトニンの量をしらべるのである（ブラウン、ペイン、キム、ムーア、クレブス、マーティンら、一九七九）。

小脳では運動してもしなくてもセロトニン量は変わらないが、脳幹では非運動グループに比べて運動グループのセロトニン量が一五パーセントも増えるのである。つまり、自己再生的な活動がたかまっていることを意味し、その働きの一つとして、摂食量の低下がおこってくる。ラットに食欲があるかないか厳密に測ることは難しいが、同じことが人間でおこったときには、主観的な体験としては、食欲の低下がおこっていると考えられるので、セロトニン→摂食中枢への抑制効果として説明される。ランニングで食欲が減るというのは、このような脳幹でのセロトニンの増加で説明される。少なくとも私はそれが一番よい説明だと思っている。

フィジカル・フィットネスができた状態でランニングをすると「食欲が減るのですよ」と私の体験を他人に話すと「そんなことないでしょう。からだを動かしたら血液中のブドウ糖が減って、かえってお腹がすき、食欲が増すのと違いますか」といわれるのが普通である。私の体験に賛成してくれた生理学者、医者は今までのところいないほど、この事実は知られていない。私が体験を話した医師には世界でトップクラスの食欲の研究をしている生理学者や内科の教授の人たちも含まれている。

運動をして食欲が出るのは血中のブドウ糖濃度が低下するからで、これは無気呼吸をする筋肉を使うとおこりやすい。無気呼吸をする筋は、瞬間的に大きな力を出すときに筋中のブドウ糖を必要とし、運動のあと血中から補充されるのである。フィットネスがあると血中のブドウ糖値は急にはさがらないのである。フィットネスがないと血液中のブドウ糖の濃度が低下しやすいので、運動をすると空腹感がおこり食欲を感じるのである。

私も一時間も走ったあとはたしかに食べようという意欲はない。三〇分も休まないと食べようという気にはならない。内臓に血液が流れてないので胃の中へ固形物を入れるともたれる。三〇分も休んで食べ出すとそのときには食欲もあり、おいしく食べられる。ランニングの後は汗が出て脱水状態になっているから、水もおいしく飲める。食事もうまくたのしめるのである。多くのランナーが食事に対する興味が増してくると語っているが、私の場合も確かにそうで、食べる内容、量、味、すべてにうるさくなってくる。そして、少量食べるだけで満腹する。筋運動をしたあとの空腹感はランニングとは無縁のものだ。テニスでボールを打ったりするような瞬間的に力を出すような運動が大量のブドウ糖とインスリンを消費して、空腹をまねくのではなかろうか。ただし、フィジカル・フィットネスのない人たちの場合である。

ランニングを続けると血中のインスリンもグリカゴンも増えてきて、その量は三〇分―一時間で最大に達する。血糖値は走り出して三〇分くらいまでは一定で、あとは徐々に減少していく。フィットネスがないと血糖を維持し、脂肪を動員するメカニズムがよく働かないので、空腹感がきやすいのだと私は考えている。ちょっと運動して「腹が減った」という人はフィジカル・フィットネスのない人で、そんな人には「たのしみのためのランニング」をすすめたいのである。

ここに紹介した空腹感のセロトニン説は充分確立されたものではない。実験的研究が始まったのも七〇年代になってからである。走っていると、食欲がなくなるらしいということに体育専門家が気づいたのも一九六〇年代である。ありそうな説明であって、まだ発表されたばかりである。私の考えが本当かどうか、あなた自身がためして走ってみませんか。セロトニンは満腹中枢に働くだけでなく、筋細胞ではアミノ酸を動員するのに働いて、筋活動を活発にしてくれる働きもある。

持続走を二〇分以上も続けると、ノルエピネフリンの分泌もたかまってきて、血中の量が増える。ノルエピネフリンは副腎から分泌されるホルモンで血圧を上昇させ、心拍数をはやめ、心拍出量を増やして、交感神経緊張状態をつくってくれる。大脳や脳幹でもノルエピネフリンが増え、交感神経系の緊張をつくり、正常な筋活動を持続し、交感活動を保つのに伝達物質として働いて役立っているのである。

体重を減らそうとする場合、生活は普通にして食事の量を制限して減らすのは難しいものである。たいていの人が失敗するのは、食欲をコントロールすることができないからである。したがって、次善の方法として低カロリーの食べ物にして、量だけの満足感を得ようとする。胃袋に内容がたまってふくれると空腹中枢のニューロン活動がおさえられるので食べる量が減り、食欲が減る。

生物のからだは、つねに内部環境を保持するメカニズムが働いている。これをホメオタシス（キャノン）、内部環境の恒常性（ベルナール）といわれているが、この平衡をくずすことは、たいへん難しいものである。この安定したシステムのどこかに外から強い刺激（外乱）を与えて体重を変えねばならない。体重が一定の人では、その体重を維持するように、からだのあらゆる組織のメカニズムが働いているのである。体重が少しずつ増える人では少しずつ増えるように、あらゆる体内メカニズムが働いているのである、神経系も、ホルモン系も、細胞も器官も。減量のために、この平衡状態を変えるのに食べるのを減らすのは消極的方法で、筋運動をして、エネルギーを使って減らすのが積極的方法である。両方併用して減らすのがもっとよい。ランニングはその点、食欲のメカニズムにも影響するきわめてよい生理学的方法だといえる。

私は一年間で八三・五キログラムから六五・〇キログラムまで、一八・五キログラムの体重を減らした。減った分は大部分皮下脂肪であった。この間ひもじい思いをして苦労して減らしたということはない。私が一分間走ると約一〇カロリーの消費がおこる。脂肪にして約一・一グラムの消費である。今日はこれだけ食べてこれだけ消耗したから、体重はこれくらいになるはずと計算して体重計で測ってみる。そして今日は予測がはずれたとか、適中したとか一喜一憂することにして、体重計の上にのるのをたのしみにしている。走り始めたころは一週間に一回くらいは測っていたが、だんだんおもしろくなって毎日測るようになった。測るといっても家庭用のヘルスメーターで、これは誤差が〇・五―一キログラムもあるので、毎日の変化をみるには適さない。誤差が二〇〇―一〇〇グラムの体重計を使わねばならないが、三―五万円と高値であるので一般向きではない。やせたいときは一週間一度ぐらい測ることにして、ゆっくり体重コントロールするのがよいのではなかろうか。

体重とランニングのエネルギー消費の関係に興味が出てくると、どうしても「入り」つまり食べる量と質に興味がわいてきて、カロリー数が気になってくる。自分の食べる食べ物のカロリーが見当づくようになれば本格的である。専門の栄養士が計算するように、『三訂補　日本食品標準成分表（科学技術庁資源調査会編）』を片手に計算するようにはいかないが、おおまかなカロリー計算ができると便利である。私がすすめる方法は、女子栄養大学で利用されている手引き（四群点数法）をおぼえて使うことである。

この方法はエネルギー源になる食べ物を四種類、第一群（乳、乳製品、卵）、第二群（魚介、肉類、豆、豆製品）、第三群（野菜、いも類、くだもの）、第四群（穀物、砂糖、油脂、その他嗜好品）に分け、個々の食べ物の八〇カロリー（一点）の数量を図示しておぼえさせる。そして基本エネルギーとして、一日に二〇点（一六〇〇カロリー）をとり、あとは糖質の量を加減して全体として一日に食べる量をコントロールするのである。簡単におぼえられるので、利用をおすすめする（『食品八〇カロリー・ガイドブック』

女子栄養大学出版部)。

一六〇〇カロリーは普通の大人が寝て暮らすような生活でも必要なエネルギー量で、第一群から第三群までそれぞれ三点ずつ計九点、第四群を七点で合計一六点となる。からだを動かす人は第四群のとり方を増やし全体のエネルギー量をきめる。きまった量をとる生活をしばらく続けて体重が増減すれば、第四群の量を加減するのである。

ランニングをすると食事の量も減ってくる。少ない量でも満足できるようになるからだ。ホメオタシスの原理で、体重が減ればからだが今までほどのエネルギーを要求しないのである。食事の嗜好性も少しは変わってくる。私は今までしょうゆとかソースはからい方が好きで、それを好んで使っていた。しかも、たっぷりと使うのである。すしを食べてもしょうゆにたっぷりとひたさないと気がすまなかった。家内とすし屋へ行くと私のしょうゆ消費量は家内の三倍はあった。ところが、走り出して三ヵ月もすると、しょうゆをつけないで食べた方がおいしくなってきた。鮮魚の生のままの味の方がよくなってきたのである。これも全く予期してなかったことである。この現象はランナーのだれにもある共通のことかどうか知らないが、減量したおかげで体脂肪が減り、脂肪の代謝に必要な塩分をからだが必要としなくなったのではないかと考えている。ただし、これは根拠のない独断的な考えである。塩分をとる量が減ったので足の筋肉にけいれん(クランプ)がときどきおこるようになった。こむら返りといわれていて、筋肉がぎゅっと収縮して痛くなる症状で、収縮している筋肉をひっぱるとなおる。これがおこると塩分(ナトリウムやカリウムなど)を少し多くとるようにしている。

約三〇分の持久的な運動(ランニング、歩行、サイクリング、クロスカントリースキー、体操、なわとび)を週に二—四回定期的に行って約八〇〇カロリーのエネルギーを消費して、酸素運搬系を改善する。

こうすれば仕事も余暇も有意義に充分たのしめる。長時間運動しないでおれるほどの強いからだは、フィジカル・フィットネスがないとできてこない。最近改訂された厚生省の栄養基準は、初めての試みとしてカロリー所要量を減らした。大人の所要量は以前のままであるが、子供の所要量を二〇—一五〇グラムも減らしている。所要量を減らすのではなく、筋運動による負荷を加えたエネルギー消費を日本人の栄養所要量とすべきではなかろうか。普通の労働の所要量が標準になっているが、普通の労働プラス適度の運動を標準量として、一日一〇〇カロリーを運動で消費するよう奨励すべきではなかろうか。日本人栄養所要量の基準では、軽い労働の人は二〇〇—三〇〇カロリー、やや重い労働で四〇〇—五〇〇カロリーを増やすよう、そしてとくに軽い労働をする人々は余暇時間に運動などによって、消費エネルギーを増すことが望ましいとしているが、このことは普通の労働をしているすべての人にも適用すべきと考える。

ランニングで減量するときの注意

私は苦労せずに一日につき五〇グラムずつ体重を減らしたが、減量のために注意したらよいと思う事項をつぎに書く。

一 日に三度食べること、しかも決まった時間に。これは生活の一日のリズムをつくって活動するのに大事なことである。忙しくて一食抜いたりするとつぎの食事の量は増えて不規則になってくる。

二 食事のとき、お膳の前の皿やおわんの中味を全部平らげないこと。一品食べなかったり、一部を残す習慣をつけるとよい。「もったいないから」といって全部食べるのは、自分の消化器官をごみ箱と感違いしているからで、余分の食べ物を体内でもやしたり、脂肪として保存する方が実はたいへんなむだである。

三　ゆっくり食べること。ゆっくり食べると味わうことになり、胃がふくれて食欲を抑える効果が適度な時間にやってくる。ガツガツ食べると胃からの反射を感知せず、気がついたときにはおそすぎて腹一杯になっている。

四　食事の前や途中にバンドをゆるめないこと。バンドの機械的な圧迫で胃袋のふくれ具合を知るのがよい。

五　間食をしないこと。必要なエネルギーは食事のときにとることにして、それ以外の時間には食べ物を口にしない。間食はどうしても糖分のとりすぎになる。コーラ、ジュースの類には一缶に約二〇グラム砂糖が入っている。約八〇カロリーになり、これはご飯が茶わんに軽く半分の量である。コーラ、ジュースは、栄養の面からは炭水化物と水をとるという意味しかない。これだけのエネルギーを使うには走って一〇分、歩いて三〇分はかかる。

六　食べすぎになるパーティには出席しない。何かの機会に食べすぎると、つぎの食事のときにはエネルギーを考えて、食べる量を減らすことである。

七　栄養のバランスを考えながら低カロリーのものを食べるようにする。ある程度量をとらないと満足できなかった人、大食をしてきた人、一日の食事量が不規則で大食のときと小食のときがあったような人では、胃袋が大きくなっているから、量のことを常に考慮しなければならない。そんなときはプリティキン療法のようにセロリーを食べるのもよい。きゅうりなどはカロリーあたりの量は一番大きい野菜である。きゅうりの九五パーセントは水である。

きゅうり、レタス、セロリーがかさばる三大野菜である。日本人が昔から食べているコンニャクもよい。カロリーは零である。料理にしてコンニャクを食べるとミネラル類のとりすぎになるから注意がいる。グルコマンナンを薬のように飲むのも空腹感を防ぐのに役立つ。

八 適度のアルコールは食事をたのしくするし、成人病の予防効果もあるといわれている。栄養学的には炭水化物と同じく、カロリーを発生するだけだから、カロリーのことだけなら、炭水化物をとればよい。ウイスキーの水割りや、ビール小びん一本は茶わん半杯のご飯に匹敵するカロリーを出すことを忘れないように。肥満の人はアルコールのとりすぎの人が多く、夜寝る前に飲む量をちょっと減らすだけで、減量にたいへん効果があるものだ。アルコールとくにブドウ酒は食欲増進作用があるので、飲みすぎると、食べすぎと同じことになるので注意が必要である。

九 古代ローマ人は食事をたのしむために、一度食べたものをウシのように吐き出して、また別のものを食べたという。パブロフがイヌで行った胃液分泌の実験（小胃法）で、胃に小さな穴をあけて、食事を口に入れたときに胃液の分泌がどうなるかをしらべたが、このようなイヌは普通以上に食べる。われわれにはこんな便利な穴のある胃はないので、一度食べたものを外に出すのには、吐き出さなければならない。反すうができれば理想的だ。食べた物を吐き出すことを練習するのもよい考えだ。インドのヨガの修練の一つに塩水を飲んで胃内容を吐き出す訓練がある。吐き出すのは、そんなに難しいことではない。食道の筋肉には平滑筋と横紋筋とがあり、ある程度意志の力で随意収縮ができる。いきなり食道筋を動かすことは初心者には無理だから、胃をある程度ふくらませたときに、指を口の中へつっこんで、のどの奥（口蓋扁桃）のあたりにさわり、一気に吐き出す練習をすればできるようになる。腹圧をうまくかけるやり方を理解しないとできない。吐き出すのは悪いものを食べたとき、二日酔のときなど苦しいが、普通のときはそんなことはない。こんな方法も、今までのやり方で減量が難しいときには練習されてはいかが。

ランニングを併用しつつ、九項のことに注意すれば、やせることは無理ではない。

やせるための食事の内容としては、

一　脂肪をとる量を減らす。消費エネルギーの三〇パーセントくらいにする。肉には脂肪が多く含まれているので、四足動物の肉を減らした方がよい。

二　コレステロールは少な目に。動物性食品には必ず含まれているので、植物性食品をとるとよい。

三　くだもの、野菜、穀類と多種類のものから炭水化物をとるようにし、砂糖、蜂蜜など単純なものからとらないようにする。

四　食塩のとる量を減らす。一日に一〇グラム以下にしたい。食塩をふりかけたりしないこと。漬け物、みそ汁、ハム、チーズ、ポテトチップスなどの加工食品には二―四パーセントの食塩が含まれているから、どうしてもとりすぎになる。食べないにこしたことはない。

心のためのランニングは、からだに無理をしないことであった。太りすぎの人はたのしみながら走り、減量することである。この点がほかのどんな減量法と比べても優れた点である。薬は全くいらない。余分なものは何も食べないということである。

体重は急に減らさない方がよい。私の経験では急に体重を減らすと、たとえば三日で一キログラム減らすと、少しからだの調子が悪かったり、疲れやすかったり、夜ねむれなかったりした。ホメオタシスのメカニズムが働いているのだから、ゆっくり減量することである。ゆっくりズムは車の運転だけではない。また、ある程度減らしたら二―三週間一定の体重にして、また減らしていく方がやさしいように思うが、根拠のあることではない。

動物の体重と寿命

ところで、心臓はいのちのある限り動き続けている。一秒に一回は打ち続ける。体重が増えると酸素を必要とする組織が増えるので心臓の負担が増えることになる。負担が増えるとエネルギー消費も増え、病気も増えることにもなる。いろいろな動物で安静時の心拍数とだいたいの体重との関係を比べたものが図7である。体重が軽い小動物ほど心拍数が高いことがわかる。トガリネズミやイエコウモリのように、体重が数グラムのものの心拍数は六〇〇以上であるが、ウシ、ウマ、ゾウのように数百キログラム以上になると心拍数は五〇以下となる。ネコ、ウサギ、小型イヌのように、体重数キログラムの動物では一五〇—二〇〇である。また、体重と酸素消費量も直線関係にあって、体重の重いものほど酸素消費が少ない。一般に安静にしているときの酸素の消費量は、つぎのような体重の関数になっている。

表 5　哺乳動物の酸素消費量と体重と寿命

	体重(g)	酸素消費量 (ml/g/hr)	平均寿命 (年)
マウス	25	1,586	2.5
ラット	226	872	2 — 3
ウサギ	2,200	466	5 — 7
イヌ	11,000	318	10 — 12
ヒト	70,000	200	60 — 70
ウマ	700,000	100	40 — 50
ゾウ	3,800,000	67	100

$$最大酸素消費量(ml/g/hr)=4.0\times[体重(g)]^{-0.27}$$

表5にいくつかの哺乳動物の体重と酸素消費量を比べてある。表には同時に平均寿命も比べてあるが、体重の重いものほど長命であることがわかる。ゾウは酸素消費も少なく、心拍数も少なく長生きしている。誤解してはいけないが、自然に生きている動物では食べすぎはおこってな

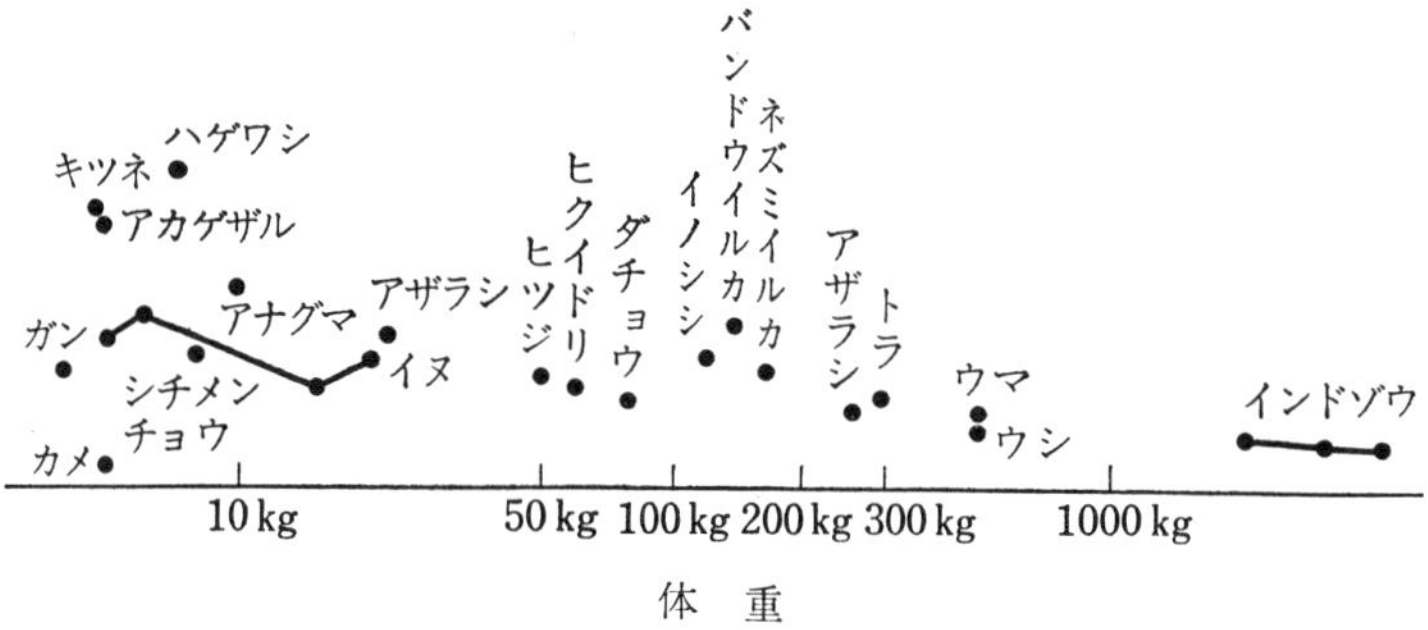

体重と心拍数の関係

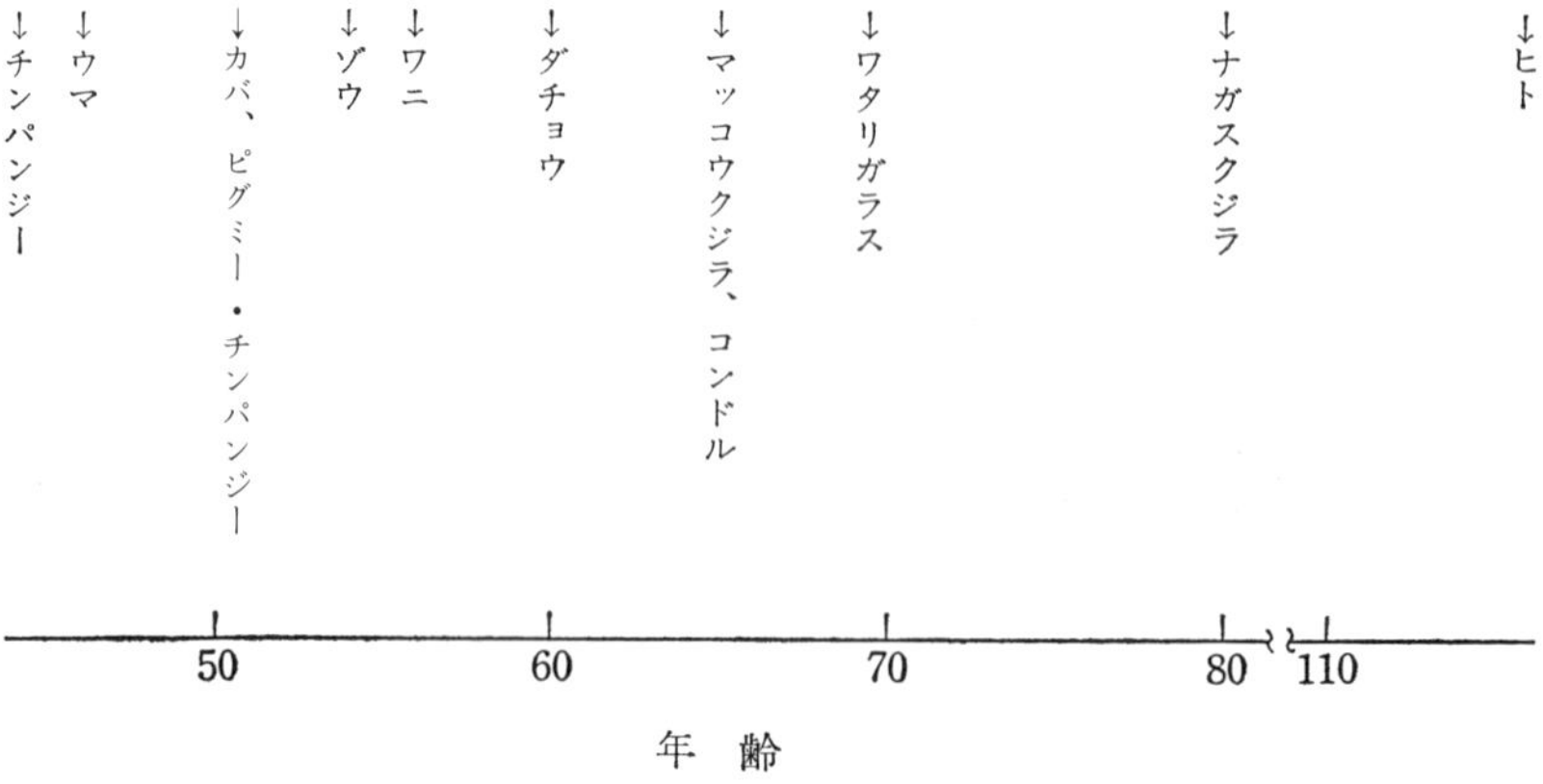

長生きした動物の年齢記録

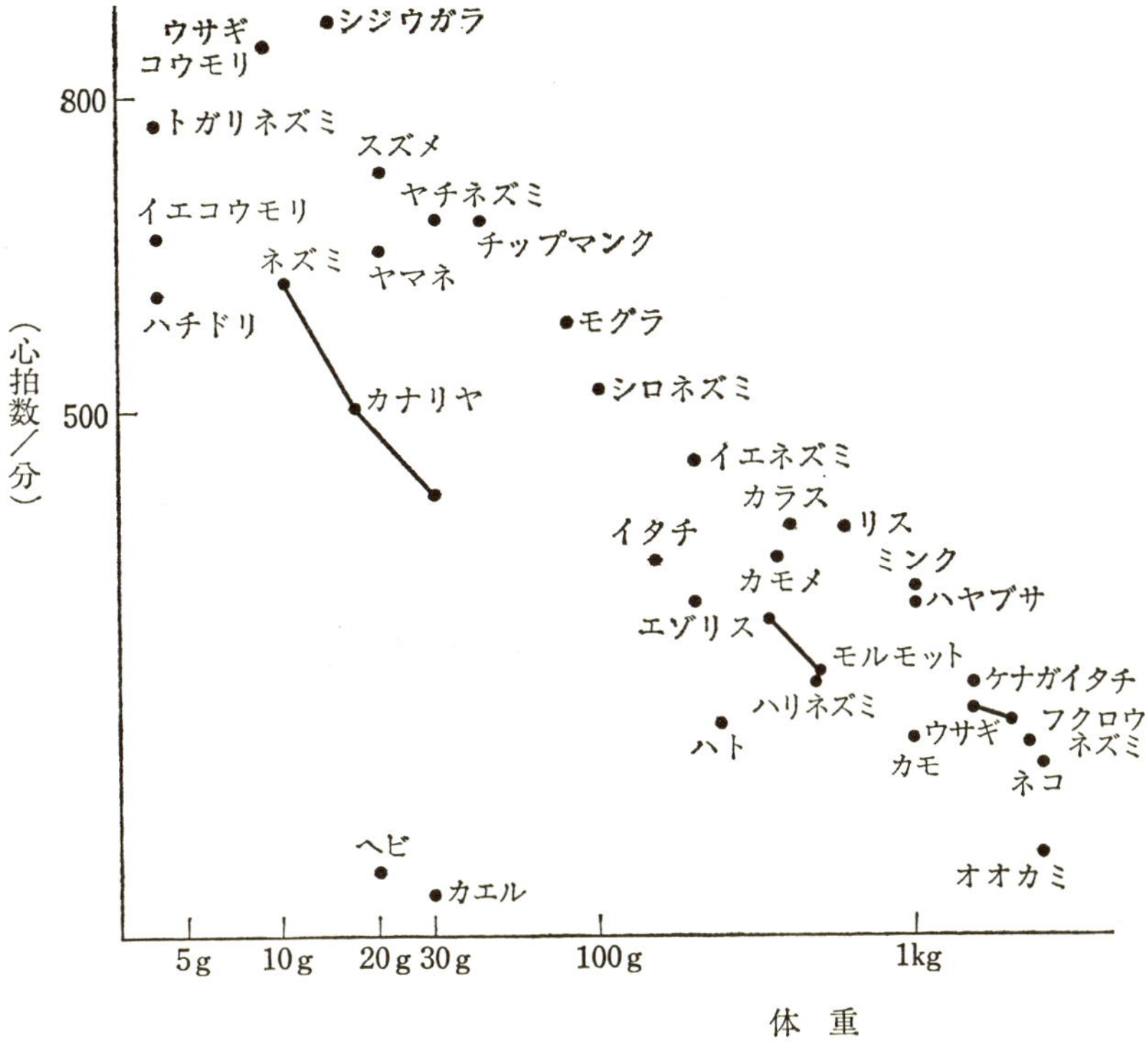

図7 いろいろな動物の

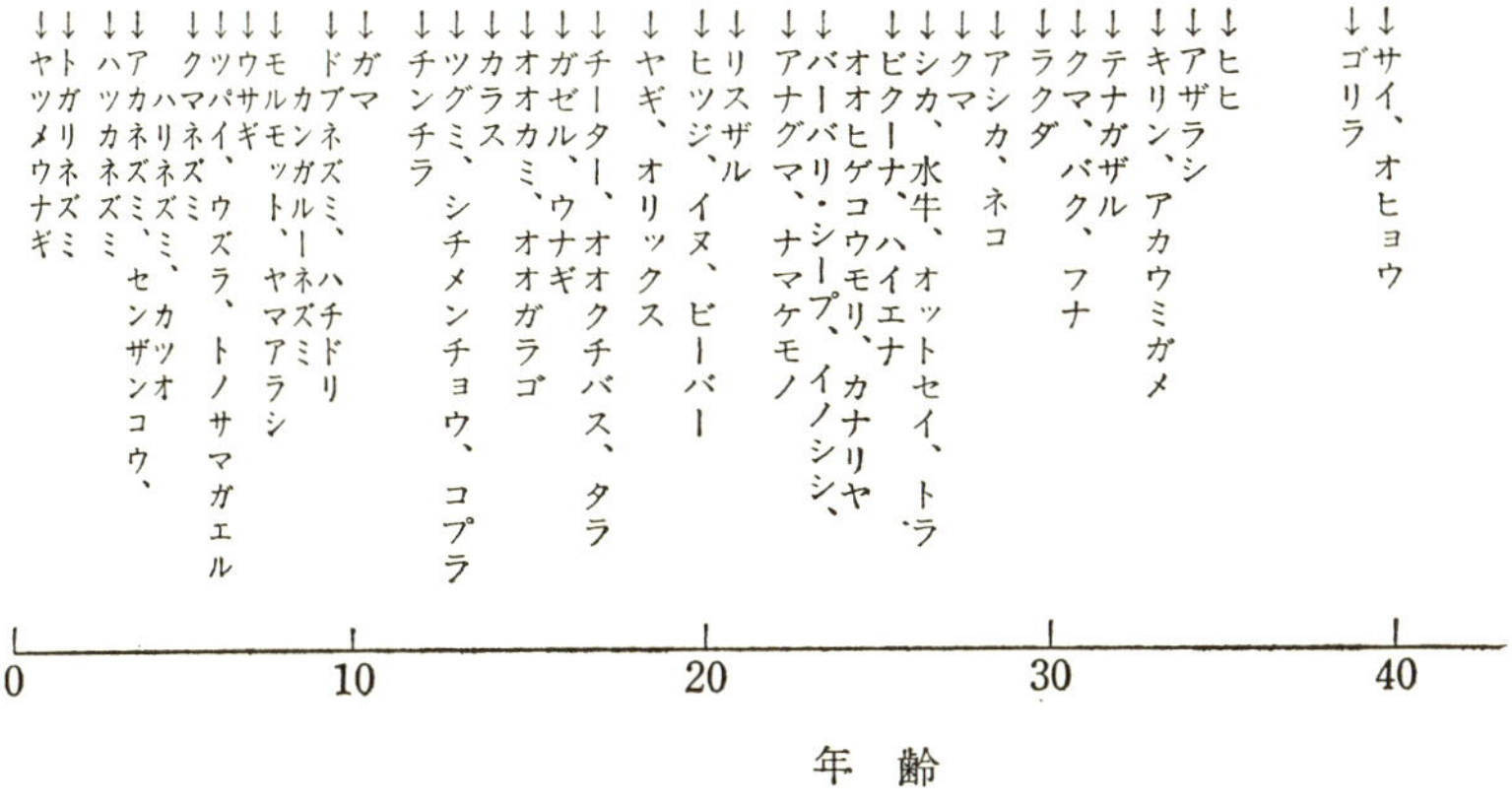

図8 人工飼育のもとで

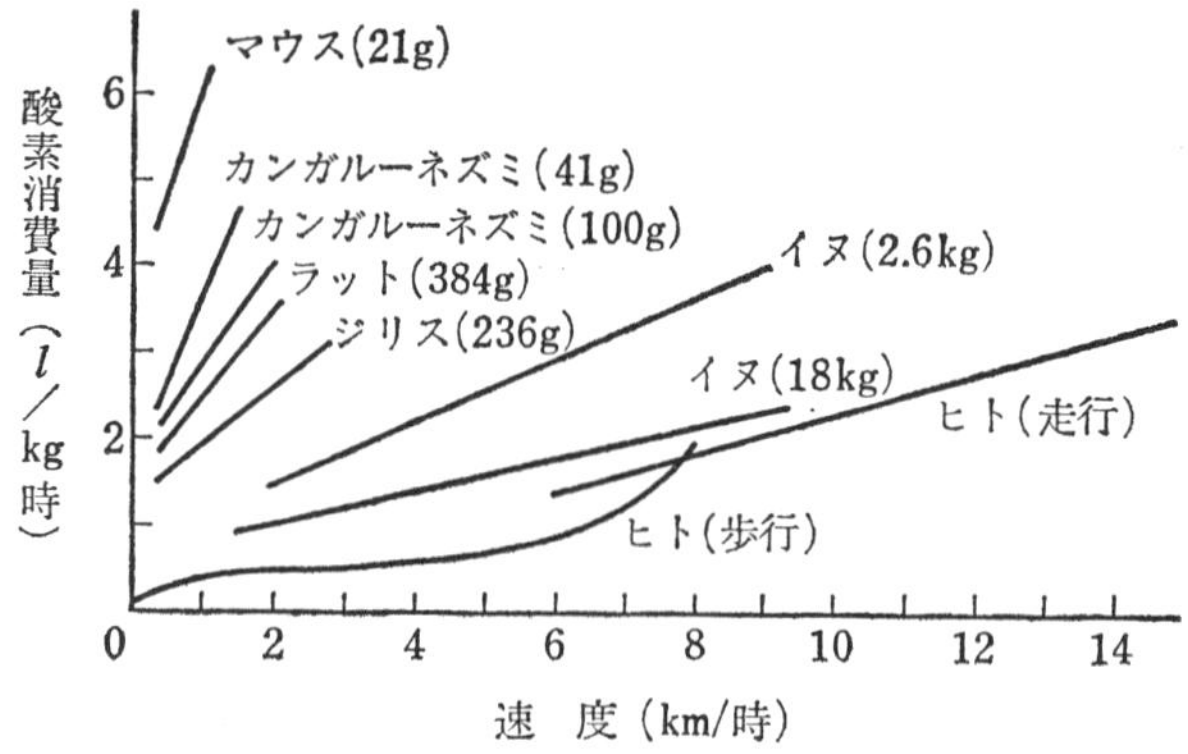

図 9　いろいろな哺乳類の移動速度と酸素消費の関係

いので、表は肥満のない体重と寿命との関係である。体重、寿命、心拍数の三つの変数の互いの間には正の相関がある。

図8は、人間がかっている動物で正確に記録のわかっている動物の最長年齢を並べたものであるが、体重が重いほど長命レコードの年齢がのびていることがわかる。ただし、人間は例外的に体重の割には長命で動物の中で一番長命である。これらの図から予想される人間の最高寿命はせいぜい四〇—五〇歳になるのであるが、自然や病気をコントロールをすることを知ったので、一一〇歳以上も生きるようになったのである。つまり、文化のお陰で長命になったのである。特別なことがなくて自然の生活していた昔の人間は短命であった。縄文土器時代の平均寿命は二五歳くらいであったと推定されている。

以上のことから、動物の体重が大きくなれば酸素消費量が減るが、心拍数が減って長命になるといえる。いいかえれば、「心拍数×体重＝一定」となるので、一生のうちに生物がうつ脈の数はきまっていて、早くうってしまうと短命となるようにみえる。おそくうつ、心拍数の少ない動物は長命であるといえる。心拍数が少ない方がなぜ寿命が長くなるか、充分な説明はないが、ランニングは心拍数を低くするので長命効果がみられても不思議なことではない。心拍数が少なくなれば、筋肉エネルギーは経済的だし、病気も少なくなるに違いない。

地上や空間を移動するときの酸素消費量と体重の関係を、いろいろな哺乳類で比べてみると図9のようになる。小型の動物ほど体重・時間あたりの酸素消費が多いのに速度がおそい。ヒトは消費量が少ないのに速く移動できる。体重あたりでみると、ヒトが最もエネルギー経済的に地上を移動している動物であることがわかる。また、移動の速度は歩幅と移動の繰り返し頻度できまってくるが、小動物は繰り返し回数が多いが歩幅がせまいのでのろのろ歩行するのに対し、イヌやウマでは歩幅が広いのでヒトよりも早く走れるのである。

ヒトの走行や歩行が同じ体重の動物よりもエネルギー経済的であるし、心臓の負担も少なくすんでいるのである。

第四章　筋運動の種類とフィジカル・フィットネス

プロボクシングの世界で、三八歳の新人王（ウェルター級）が誕生したニュースは中年の心意気をみせた快挙として、昭和五五年の春の新聞や週刊誌をかざってくれた。

磯部明氏は海水浴に行ったときの自分の写真をみてびっくりする。ヒョウタン型に醜く太ってブヨブヨ。脂肪がパンツからはみ出している。友人に笑われ、女房にひやかされて、一念発起してボクシングを始める。三五歳のときであった。ジョギングに対する氏の意見として「ジョギング？　効果ないですよ。毎日やってたが、逆に七八キロにまで太った。サンドバッグを三〇秒思いきり叩いたりしてごらんなさい。それだけでぐったりする。中年太りはボクシングが一番ですよ。ただ毎日続ける根性がなくちゃあ」（『週刊朝日』昭和五五年三月七日号、六八ページ）。

この談話をうのみにはできない。そのことを考える前に、筋活動の単位時間あたりのエネルギー消費（カロリー／分）を比べてみる。図10は、普通の体重の人でいろいろな筋運動のエネルギー消費量を比べたものである（オストランド、一九七〇）。レジャースポーツ、家事作業、労働など多くの筋運動のデー

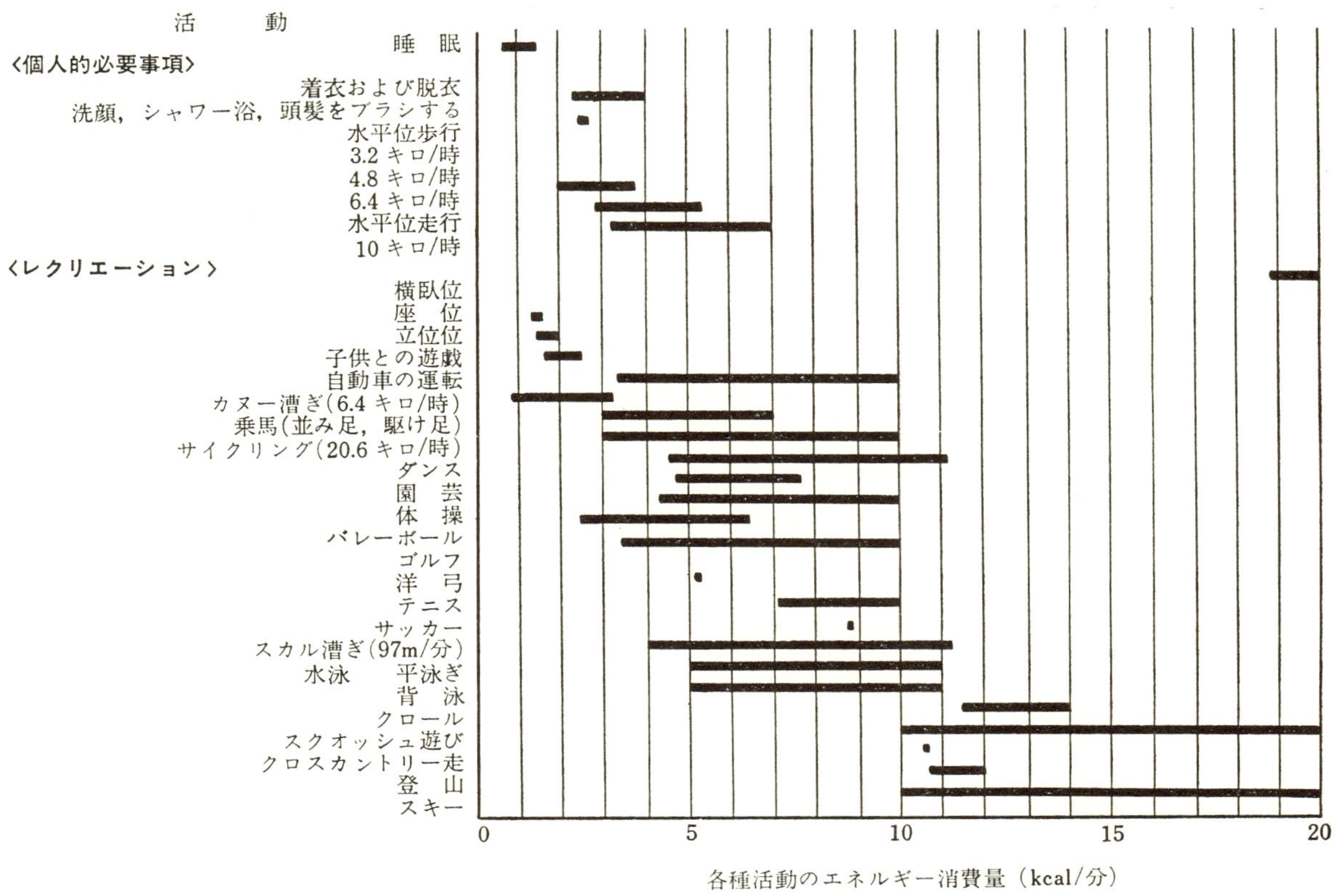

図 10 各種活動のエネルギー消費量（kcal/分）（オストランド，1970）
横棒は文献資料の示す範囲。
高いエネルギー出力のためには明らかに最大有気的力の高いことが必要条件である。

(図 10 つづき)

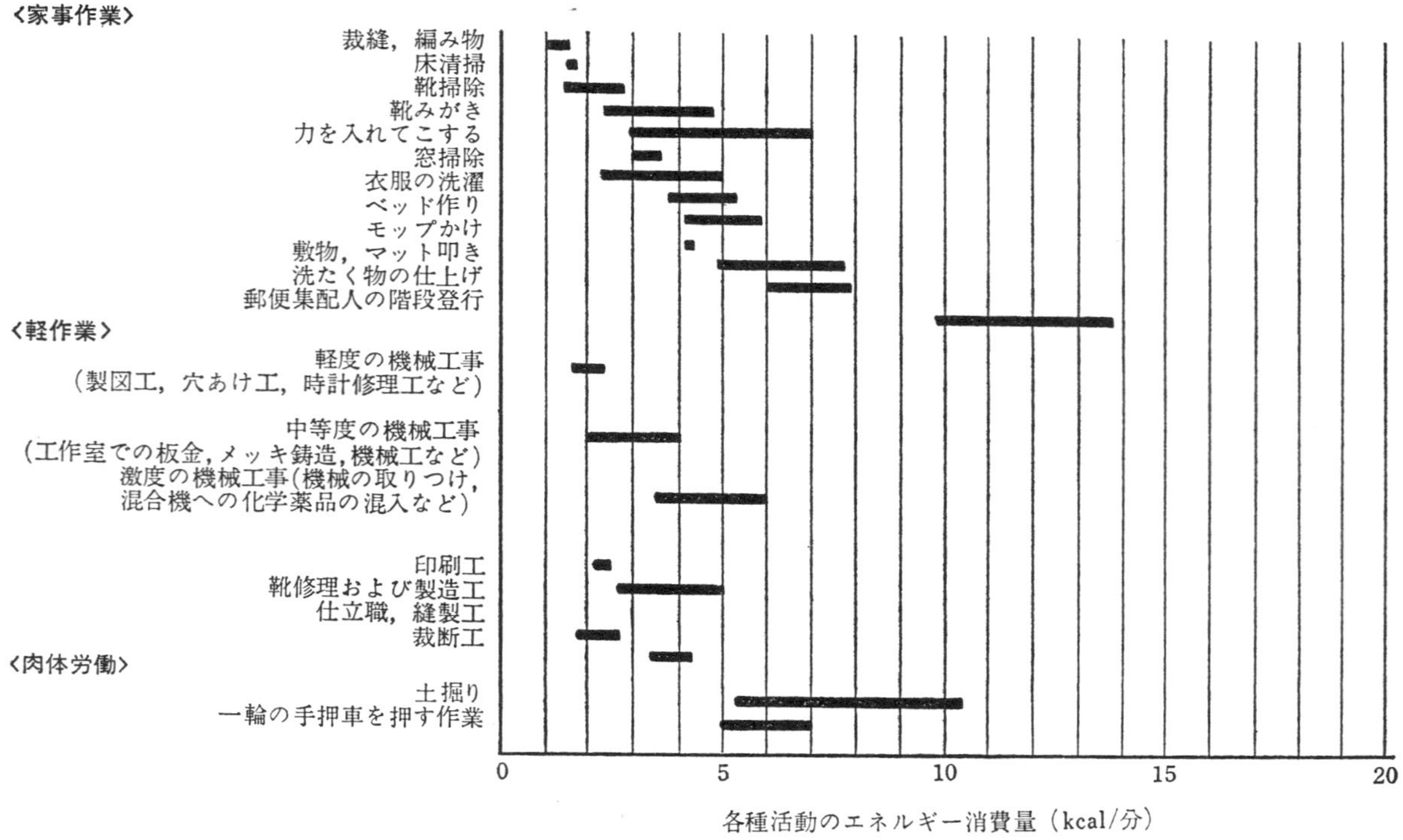
〈家事作業〉
裁縫，編み物
床清掃
靴掃除
靴みがき
力を入れてこする
窓掃除
衣服の洗濯
ベッド作り
モップかけ
敷物，マット叩き
洗たく物の仕上げ
郵便集配人の階段登行
〈軽作業〉
軽度の機械工事
(製図工，穴あけ工，時計修理工など)
中等度の機械工事
(工作室での板金，メッキ鋳造，機械工など)
激度の機械工事(機械の取りつけ，
混合機への化学薬品の混入など)
印刷工
靴修理および製造工
仕立職，縫製工
裁断工
〈肉体労働〉
土掘り
一輪の手押車を押す作業
0
5
10
15
20
各種活動のエネルギー消費量 (kcal/分)

(図 10 つづき)

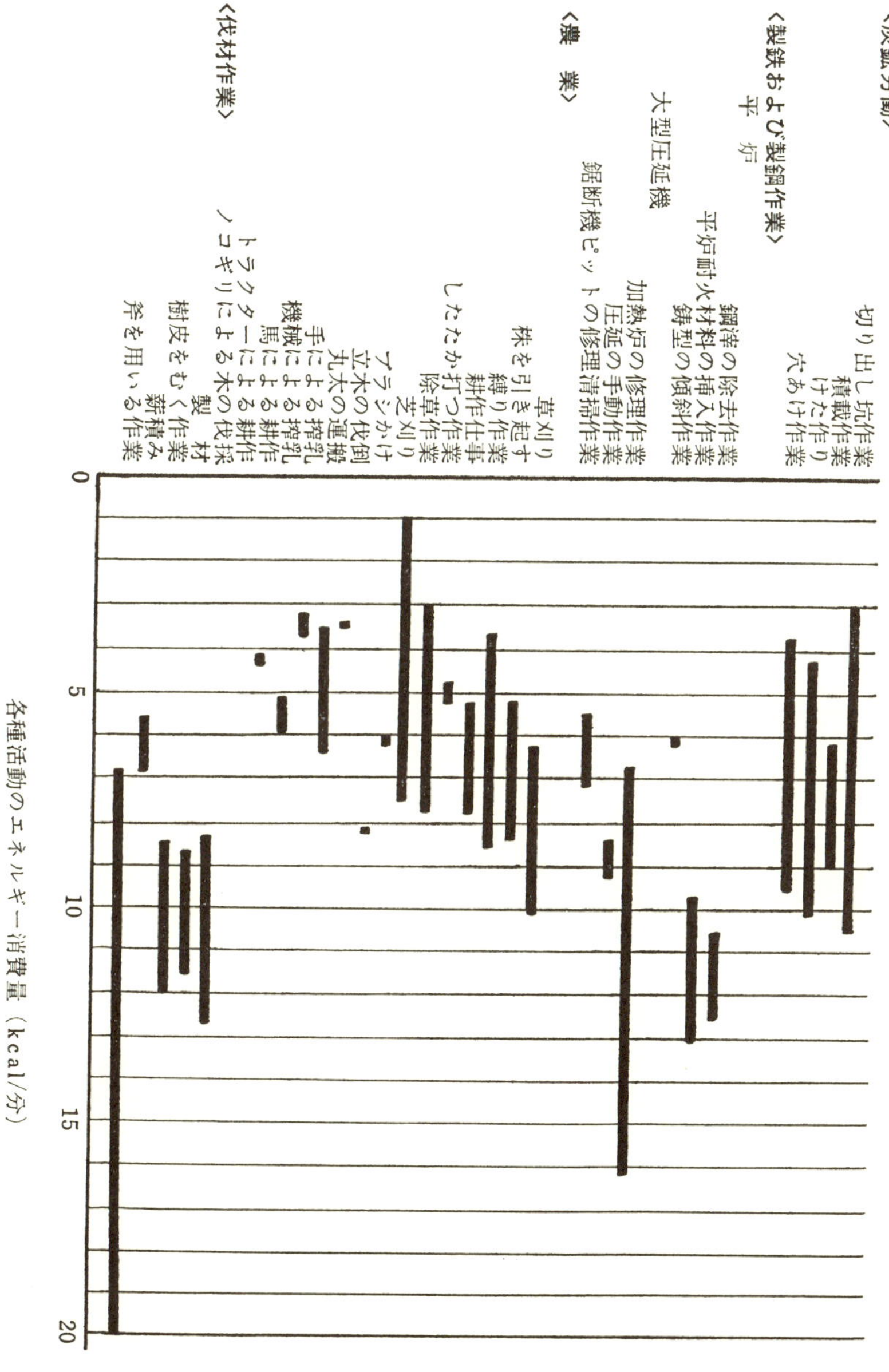
〈炭鉱労働〉
切り出し坑作業
積載作業
けた作り
穴あけ作業
〈製鉄および製鋼作業〉
平　炉
鋼滓の除去作業
平炉耐火材料の挿入作業
鋳型の傾斜作業
大型圧延機
加熱炉の修理作業
圧延の手動作業
鋸断機ピットの修理清掃作業
〈農　業〉
草刈り
株を引き起す
縛り作業
耕作仕事
したたか打つ作業
除草作業
芝刈り
ブラシかけ
立木の伐倒
丸太の運搬
手による搾乳
機械による搾乳
馬による耕作
トラクターによる耕作
〈伐材作業〉
ノコギリによる木の伐採
製　材
樹皮をむく作業
薪積み
斧を用いる作業
0
5
10
15
20
各種活動のエネルギー消費量 (kcal/分)

タである。寝てじっとしているときは一カロリー/分、服を着たり脱いだりは三カロリー/分、机の前でじっと座っていて二カロリー/分、自動車運転で七カロリー/分、バレーボール、テニスなどの球技では三—一〇カロリー/分、階段を上下すれば一〇カロリー/分である。レスリングやボクシングはデータもないが、最大のエネルギー消費を示す運動、水泳のクロール、斧を使って木を割る作業に匹敵するだろうから、一五カロリー/分くらいだろう。ボクシングは持続的な運動を続けながら急に強い力を出す運動も行うので、心臓が持続運動のできる状態であることが前提である。しかし、マラソンほどはレスリングを長時間やることはない。一〇ラウンドたたかっても動きまわっている時間はせいぜい三〇分程度であろう。急にパンチをするような瞬間的なすばやい運動は無気呼吸で行われる。エネルギー消費量からみて、ボクシングが体重減らしに優れたものとは必ずしもいえない。ボクシングのたのしさはそれなりにあるので、体重減らしには直接つながらないのである。ジョギングをすると体重が増えたとあるが、入出力のバランスをくずして、たくさん食べれば体重が増えるだけのことである。

持続的な運動を続けると体重減らしによいのは、食欲が減少してくるからで、フィットネスがなくて瞬間的な運動をすると食欲が増す。食べる量と運動の量のバランスで体重がきまってくるわけだから、減量にはランニングでもボクシングでもよいが、ランニングの方が食欲のコントロールがやりやすいので減量しやすい。ランニングを三〇分も続けるとグリカゴンが膵臓より分泌されてきて、貯蔵脂肪を動員して、脂肪酸が血中に出されて筋肉へ運ばれて糖として使われ、肝臓でグリコーゲンに変えられる。血中のグリコーゲンの消耗が補われて血糖値を保ってくれる。

図11は、はげしい筋作業をした時と安静時の血液循環の違いを示している。はげしい作業のとき、心臓の拍出量は安静時の五倍にもなる。運動中に循環血が増えるのは、おもに筋、心臓である。脳へいく血液

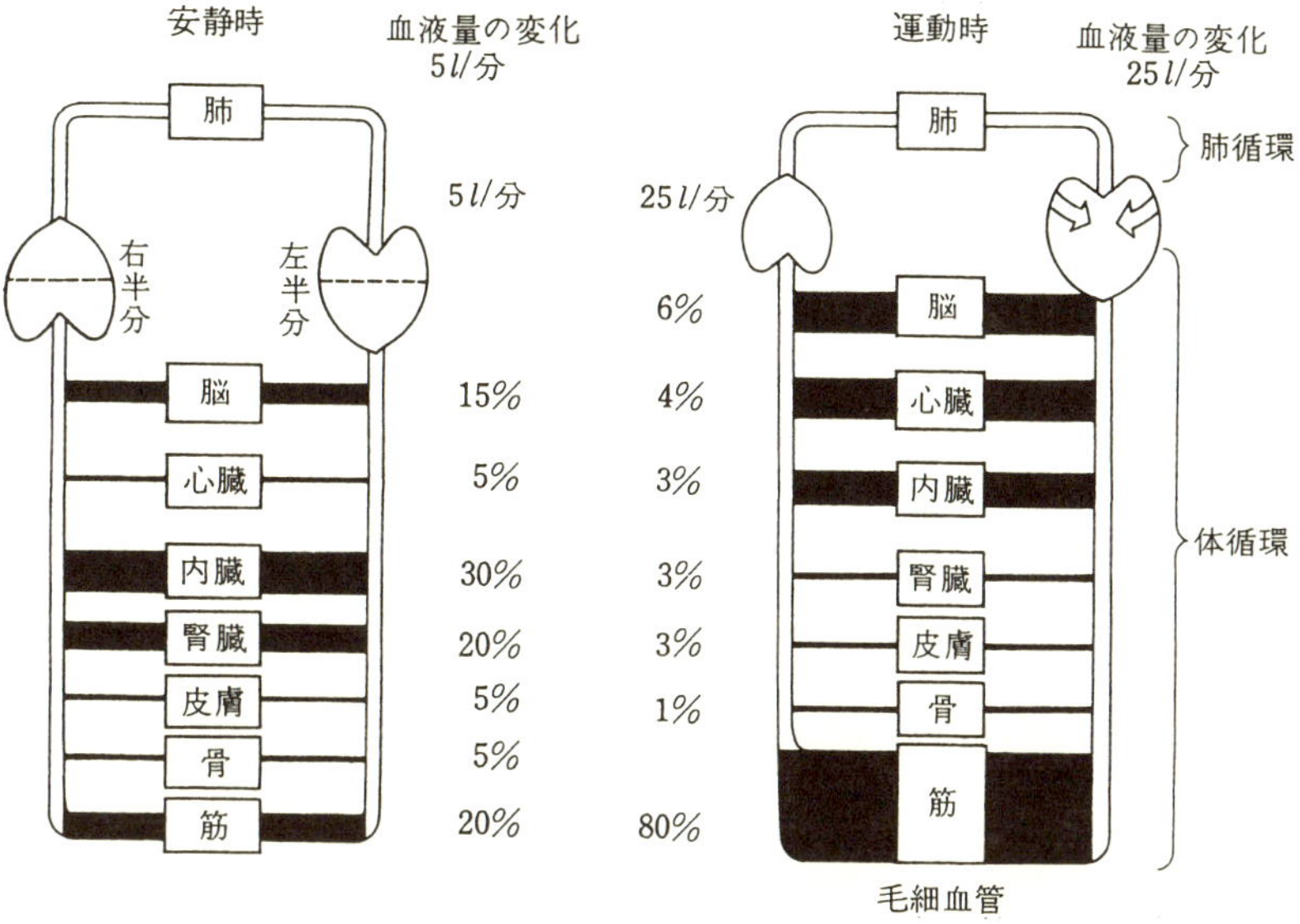

図 11　安静時と運動時の血液循環の違い（オストランド，1970より改変）

も少し増えるが、内臓へいく血液は減少する。運動中は一回あたりの心拍出量は一〇〇から一五〇ミリリットル増加する。一分あたり心拍出量は五リットル／分から三〇リットル／分に増加し、酸素摂取量は一〇―二〇倍に増加することがわかる。この増えた血液はおもに骨格筋へ運ばれる。骨格筋は安静時には心拍出量の二〇パーセント程度の流血量をうけているが、運動中は実に心拍出量の八〇―八五パーセントの血液量をうけるのである。

ランニングのエネルギー消費は体重と走るスピードで変わってくるが、走る距離が一定であると、スピードが変わっても消費エネルギーはほぼ一定である（コスティル、一九七三）。一定カロリーを消費しようと思えば、一定時間内にできるだけ早く一生懸命走ってもよいが、一定の距離をゆっくり走ってもよいのである。一キログラムの脂肪をもやすには二〇〇〇リットルの酸素が必要で、三五〇キロメートルを七〇時間で歩いてもよいが、一二〇キロメートルを一六時間で走ってもよいのである。

表6　1.6キロメートルで走るときの酸素消費量（クーパー，1967）

	倍　　数	酸素消費量 (ml/kg・分)
20：01 分以上	0	
20：00—15：01 分	1	7
15：00—12：01 分	2	14
12：00—10：01 分	3	21
10：00— 8：01 分	4	28
8：00— 6：41 分	5	35
6：40— 5：44 分	6	42
それ以下—5:43 分	7	

表7　24—30点の酸素消費を得るために必要な時間（クーパー，1968）

歩行　40 km	8 時間
ランニング　10 km	1 時間
サイクリング　20 km	1 時間
水泳　2 km	50 分
バスケットボール	2 時間
踏み台（1 分間 100 回）	40 分
なわとび（1 分間 100 回）	45 分
ゴルフ	150 ホール
テニス	12 時間
スキー	4 時間
レスリング	1 時間

表6に一・六キロメートルを歩いたり走ったりするときの酸素消費量を七ミリリットル／キログラム／分の倍数（点数）で表してある。一・六キロを二〇分かかって歩けば酸素消費はわずかで、五—二〇分で歩いて一点、一三—一五分で二点、一〇—一二分で三点、八—一〇分で四点である。

フィジカル・フィットネスを得るためには心拍数をある程度あげなくてはならず、そのためには歩くスピードを早くしなければならないが、かなりスピードをあげて歩いても、同じ酸素消費量に達するには三倍の時間がかかってしまう。週二時間以上も走れるぐらいのフィットネスを歩くことで得ようとすれば、毎日一時間以上かなりのスピードで歩くようにしなければならないのである。だから歩くのもよいが、走った方が時間経済的でもっとよいのである。

最大有気力を増大して酸素摂取量を増やすには筋肉運動をしなければできないのである。筋肉に負荷をかけてトレーニングするしか方法はない。一定の負荷を加えると、生体はそれに適応現象をおこして積極的に反応できるようになる。つまり、適応はつねに与えられた負荷に対しておこり、より一層の改善をみ

表 8　12 分テストの結果走れる距離（km）（クーパー，1976）

	年齢					
	13—19	20—29	30—39	40—49	50—59	60 以上
1. 非常にわるい（男）	2.1 以下	2.0 以下	1.9 以下	1.8 以下	1.7 以下	1.4 以下
(13%)　（女）	1.6 以下	1.5 以下	1.5 以下	1.4 以下	1.4 以下	1.3 以下
2. わるい（男）	2.1-2.2	2.0-2.1	1.9-2.1	1.8-2.0	1.7-1.9	1.4-1.6
(18%)　（女）	1.6-1.9	1.5-1.8	1.5-1.7	1.4-1.6	1.4-1.5	1.3-1.4
3. 普　通（男）	2.2-2.5	2.1-2.4	2.1-2.3	2.0-2.2	1.9-2.1	1.6-1.9
(31%)　（女）	1.9-2.1	1.8-2.0	1.7-1.9	1.6-1.8	1.5-1.7	1.4-1.6
4. よ　い（男）	2.5-2.8	2.4-2.6	2.3-2.5	2.2-2.5	2.1-2.3	1.9-2.1
(20%)　（女）	2.1-2.3	2.0-2.1	1.9-2.1	1.8-2.0	1.7-1.9	1.6-1.7
5. 非常によい（男）	2.8-3.0	2.6-2.8	2.5-2.7	2.5-2.6	2.3-2.5	2.1-2.5
(11%)　（女）	2.3-2.4	2.1-2.3	2.1-2.2	2.0-2.1	1.9-2.1	1.7-1.9
6. 優　秀（男）	3.0 以上	2.8 以上	2.7 以上	2.6 以上	2.5 以上	2.5 以上
(50%)　（女）	2.4 以上	2.3 以上	2.2 以上	2.1 以上	2.1 以上	1.9 以上

るにはトレーニング強度を増やさねばならない。しかし、トレーニング量とトレーニング効果との間には直線的な関係にあるのではない。一週間二時間、トレーニングして最大酸素摂取量を〇・四リットル／分増やせても、トレーニングの量を二倍の一週間四時間にしても、酸素摂取量は二倍にならないで、〇・五—〇・六リットル／分ほどである。この増え方は個人によってまちまちである。

クーパーは心臓血管系のフィットネスを得る最低条件として、一週間一七〇—二一〇ミリリットルの酸素摂取量を運動することで消費するようにすすめている。これをわかりやすく点数で表して、一週間二四—三〇点になるように運動することをすすめている。一日一・六キロメートルを六—八分の時間で走ると五点となり（表6）、週五—六回で三〇点となる。水泳なら五〇〇メートルを九—一四分で泳ぐと五点となり、これを週に五—六回しなければならない。表7はクーパーのいうフィットネスの保持するため、週に二四—三〇点をかせぐのに費やさなければならない、いろいろな筋運動の時間である。ゴルフなら一八ホールまわっても、荷物を自分で運んでも三点なので、ゴルフだけでフィットネスを得るには一八ホールを毎日二回まわるようにしなければならない。これは暇のある人でないとできない。ランニングや水泳、サイクリングが一番時間経済的な運動なのである。私のすすめる「たのしみのためのランニング」の週二時間は、クーパーの点数に換算すると八〇―九〇点くらいになる。

心臓血管系のフィットネスの程度を知るには一二分間思いきり早く走る一二分テストが便利である。心臓血管系のフィットネスを六段階（優秀、非常によい、よい、普通、わるい、非常にわるい）に分けて、年齢別に男女別の走れる距離を示したデータが表8である（クーパー、一九七六）。クーパーが数千人の測定データからつくったものである。

全速力で走って有気呼吸量が八五パーセントになるのが一五分であるが、それよりも時間を少なくして、一般の人が実行しやすいように工夫したものがクーパーのやり方である。この表で一二分間疾走の距離をみると、自分の心臓血管系の体力がどれくらいかわかる。優秀といわれる人は人口の五パーセントくらいいるが、毎週、男性で五〇点、女性で四〇点をかせいでいる人である。普通といわれる人は人口の三割をしめるが、毎週、男性で一五―二九点、女性で一〇―二三点かせいでいる人である。わるい人が一割をしめるが、一点以下の人である。練習しないで一二分テストを行うと事故がおこることがあるので、心臓の弱い人は医学検査をうけてからにしてほしい。とくに三五歳以上の人は。

図10でわかるように水泳のクロールのエネルギー消費は高い。人間の体型は泳ぐようにできていないので、スピードはおそく消費熱量も多い。心臓血管系のフィットネスを得るためなら水泳も非常によい運動だといえる。しかし、水泳ではランニングで得られるような快感はこないのである。おそらく水中では全

表9　走るスピードと消費カロリー（kcal）（ハーガーら，1974より改変）

時速(km) ＼ 体重(kg)	45	50	55	60	65	70	75	80	85	90
3	122	142	160	170	182	198	206	230	246	256
4	148	170	188	208	224	246	264	280	298	312
5	186	202	230	250	270	292	316	336	358	378
6	216	244	274	290	214	240	266	288	416	442
7	262	290	322	340	372	406	434	460	490	516
8	298	334	372	404	436	472	504	532	566	610
9	352	384	430	456	498	438	478	618	646	684
10	394	436	484	520	568	614	558	700	728	776
12	488	538	602	648	712	760	816	868	904	972
14	586	646	722	770	846	906	972	1030	1076	1148
16	682	760	830	900	978	1054	1124	1196	1258	1332
18	778	862	956	1018	1110	1192	1274	1354	1436	1520

走ったり歩いたりするスピード（時速）と体重と消費エネルギーの関係。

身の皮膚に水圧が加わるので神経系の活動を賦活してしまい、活動をさげる働きをしないのではなかろうか。

エネルギー消費は、時速と体重によって変わってくる。たとえば、体重五四キログラムの人が二・四キロメートルを一〇分で走ると一二一カロリー消費するが、体重八二キログラムの人が同じスピードで走ると一八〇カロリー消費することになる。

表9は、一時間あたりのカロリー消費で体重と時速の違いがどう変わるかを示している。たて欄が体重である。これは、アメリカのある体育研究室（コスティルら、一九六九）で、実例にもとづいてつくったものをもとに私が換算したものである（B・S・ハーガーら『アメリカ医師会雑誌』二二八巻、四二ページ、一九七四）。時速五—七キロメートルで歩く場合は走るときよりも、時間あたりのエネルギー消費が高いのが、表では双方の平均値にしてあり、時速六—八キロメートルの歩行ではこの消費量より少し高めである（図9のヒトの曲線に注意）。表はおおまかな数値で、

体重をコントロールするときに参考に使ってほしい。

二種類の筋肉と二種類の運動単位

マラソン選手はやせているが、相撲取りは太っている。どちらも皮下脂肪は少なく、筋肉の量と骨組みの違いで、体型が違っているのである。筋肉の量が違っているのは、瞬間的に力を出す筋肉の量が違っているからで、持続的な力を出す筋肉の量はマラソンランナーでも相撲取りでも個体差はほとんどないのである。

瞬間的に大きな力の出せる筋肉が相動筋で、力は弱いが疲れることなく持続的に力の出せる筋肉が緊張筋である。相動筋は皮膚の表面近くにあり、緊張筋が骨に近い、皮膚よりも深いところにある。下腿では腓腹筋が相動筋でヒラメ筋が緊張筋で、上腿では大腿広筋が相動筋で大腿直筋が緊張筋である。緊張筋は大きな力は出せないが、働き続けても疲れないのである。また収縮に時間がかかる。相動筋は大きな力は出せるが、働き続けることができず、すぐ疲れてしまう。エネルギー代謝も相動筋と緊張筋で大きく違っており、相動筋は無気呼吸で仕事をするのに、緊張筋は有気呼吸で仕事をするのである。マラソンのようにゆっくり走り続けるときに働くのはおもに緊張筋なのである。テニスでボールをうつときに使う筋肉は、緊張筋と相動筋が同時に働くのである。だから、心臓に持久力をつけるということは、緊張筋を働かせることに第一の意味があることになる。相動筋をいくら使っても無気呼吸だから、筋を使ったあとに酸素が送られてくればよいのだから心臓の持久力はできないのである。しかし、テニスをやって持久力がつかないかというとそうではなくて、瞬間的に力を出すときには相動筋も緊張筋も働いてしまうので（この二つの筋を独立に働かせることはできない)、筋肉は酸素を必要とするので心拍出量も心拍数も少しは増えることになり、持久力をつけるのにわずかばかり役立つことになる。つまり心臓の持久力を増やそうとしてテニスをするよりもランニングをした方がよいのである。瞬間的な力を出す運動は、力を出せるように筋肉をきたえているのであって、心臓をきたえてはいないのである。

筋肉は、相動筋でも緊張筋でも、多数の筋線維から構成されており、いくつかの筋線維が一本の神経に支配されている。一本の神経に支配される筋線維群が筋肉の単位で、これにも相動筋単位と緊張筋単位の二種類のものがある。相動筋単位は収縮するまでの時間が早く、また、大きな力を出せるがすぐ疲れてしまう。緊張筋単位は収縮するまでに時間がかかり、小さな力しか出せず、なかなか疲れないのである。

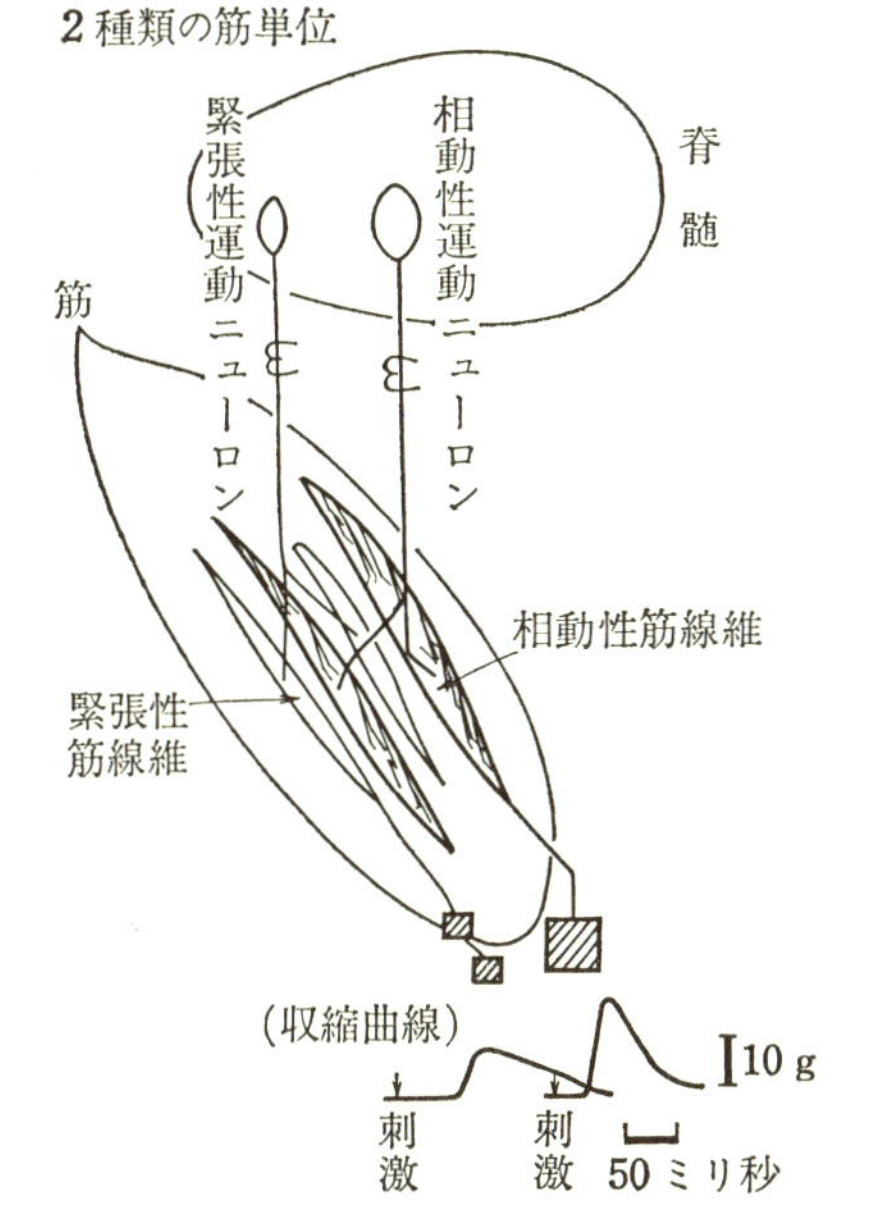

図 12　2種類の筋単位――相動性(無気呼吸性)運動単位と緊張性(有気呼吸性)筋単位それぞれが収縮したときの収縮曲線を下方に示す。相動筋単位の方で収縮が始まるまでの時間が短く，発生した張力が大きい。

図12に、一つの筋に含まれる二種類の筋単位と、神経を刺激したときの筋単位の収縮曲線を示してある。矢印の時点で神経を刺激すると収縮が最大になるまでの時間は相動筋単位が早く、最大値も大きいのである。神経を高い頻度で刺激すると相動筋単位の最大値は減少するが、緊張筋単位のそれは減らない。つまり、相動筋は疲労するが緊張筋は疲労しないのである。

相動筋は大部分が相動筋単位、一部

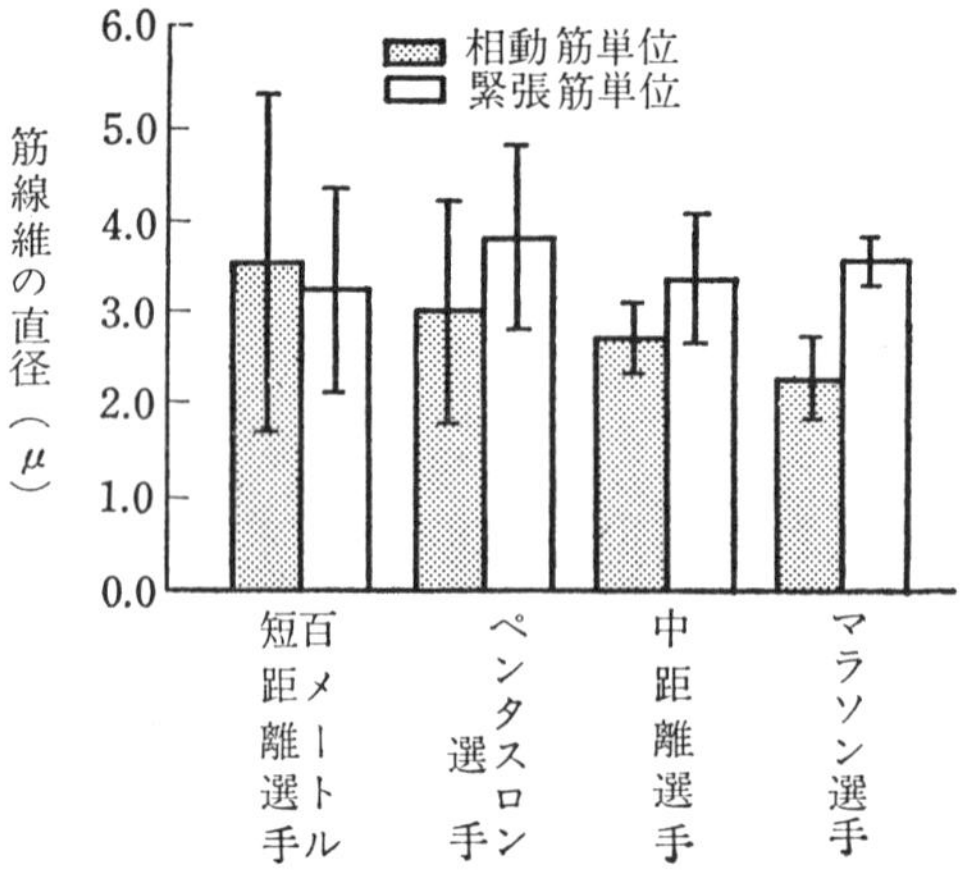

図 13　ヒトの大腿四頭筋の相動筋単位と緊張筋単位の直径の分布と運動の種類

分が緊張筋単位からなっており、緊張筋は大部分が緊張筋単位からなっている。だから緊張筋が疲れないで、弱いゆっくりした力しか出せないのに、相動筋は疲れやすいが強い早い力が出せるのである。筋肉によって緊張筋単位と相動筋単位の割合が違っていて、複数の筋が働いているのが実際である。

筋単位に対する訓練効果はこの二種類で違っていて、相動筋単位を使えば直径が太くなり大きな力が出せるようになるが、緊張筋単位はいくら使っても太くならないが、疲労しにくくなるのである。だから、緊張筋を使っているマラソンランナーの筋肉は太くならないで、心臓の持久力はついてくる。相動筋を使うボディビルをやれば、筋肉は太くなって瞬間的に力は出せるようになる。このとき、ある程度緊張筋単位も使われるので、心臓の持久力も増すのである。

図13に示したのは相動筋単位と緊張筋単位の筋線維の直径が運動競技によって違ってくることである。大腿四頭筋の筋肉の一部を取り出して、特殊な染色をして相動筋単位と緊張筋単位を染め分けて、筋線維の太さをしらべてみたものである。短距離選手、ペンタスロン選手、中距離選手とマラソン選手とで相動筋単位と緊張筋単位の線維の直径の平均値とそのばらつきを示したものである（二二名の検査成績。グレゴールら、一九七九）。緊張筋単位の直径は、どの選手でもだいたい同じくらいであるのに、短距離を走

る人ほど相動筋単位の直径が太くなっていることがわかる。相動筋単位の直径が太くなるために筋の横断面積が広くなるために筋が太ってくるのである。

ゆっくり走ることは心臓の持久力をつけるのにはよいが、瞬間的な力を出す筋肉（相動筋）をきたえることにはならない。相動筋をきたえれば、瞬発力は出せるようになるが、心臓の持久力はわずかしかつかない。弱い力では緊張筋だけが働いており（ランニングの場合）、力を強くすると緊張筋も相動筋も働くので、瞬発力を出していても、心臓の持久力はわずかながらつくのである。持久力のつき方は心拍数をどれだけたかめるかによる。コートを走りまわりながらテニスをやる人は持久力はできるが、ボールがきたときだけ打つ人では心拍数は普段と変わらず、心臓の持久力もできない。したがって、フィジカル・フィットネスもできないのである。

本章で強調したかったのは、フィジカル・フィットネスを得るにはランニングが時間の経済・心理効果からみて最善の筋運動であるということである。心臓血管系のフィットネスを得るには、水泳やサイクリングもすすめられる。

歩くこと・走ること

人類が二本足で歩くようになった起源をさぐると約三〇〇万年くらい前にさかのぼる。アフリカで猿人が二足歩行を始めたのはそのころである。エチオピアのハダールの遺跡でそのころの手、下腿、足、骨盤の骨の化石が出土しているが、同じ場所から大型動物の骨の化石も出てくる。猿人の骨は直立が可能な形態をしていて、手は歩行以外の目的に使えるようになっている。彼らが直立していたのは、歩くだけでなく走って大型動物を追いかけ、原始的な道具で殺してつかまえて食糧にしたものと思われる。だから、中型・大型動物をつかまえるのには走らねばならなかったに違いない。

歩き、走ることで骨盤が細長くなり、足は長く手は短くなった。道具をつくり思考することで脳が大きくなっていった。そのために脳へ充分な酸素が送られていたに違いない。歩くより走る方がよけい酸素を脳に送りこめるので、脳の細胞がよけいに働くことになり、歩くより走る方が脳の進化、人間の誕生に役立ったのではなかろうか。この走る習慣は農耕生活をするようになって忘れられたに違いない。

走ることが歴史に登場するのはギリシャ時代のことで、ペロポネソス戦役で西暦紀元前四九〇年、ペルシャとアテネが戦い、アテネ軍が逆転勝ちをしたとき、そのニュースをアテネ市民に知らせるべくペイディピデスというアテネ人が、マラソンの戦場から約四二キロメートル離れたアテネまで走った。そして「喜べ、われ勝てり」と叫んで、その場で息絶えたという。ペイディピデスは、このニュースを伝えるために走り続けることができた。しかしフィジカル・フィットネスが弱いので、強い意志の力で走ることを続けねばならなかった。この話は歴史家ヘロドトスの書いた『歴史』に由来するが、この男の名前はあやしいといわれている。ギリシャ時代にはマラソン競技は行われた様子はない。ギリシャ時代での走り競技の距離はせいぜい五キロメートルであったという。

一八八九年、クーベルタン男爵はフランス政府の依頼で、学校教育における体育の調査を行い、スポーツについての考えの違いが、体育の健全な発達を阻害していることに気づき、その解決法としてギリシャのオリンピアで行われたような国際会議を定期的に開くことを提案した。一八九四年六月に準備会議が開かれたが、このときにフランスの言語学者・歴史家であるブレルが、長距離レースの実施を提案した。ペイディピデスが走ったといわれる距離四二キロメートルを走る競技を提案したのである。これがマラソン競走が行われるようになったきっかけである。この故事に夢中となったブレルは、クーベルタンに、もしもオリンピックにマラソン競走を採用してくれたら個人的な賞（金製カップ）を贈ることを申し出たくらいである。

第一回オリンピック大会の最終日に行われたマラソン競技には二五人の参加者があり、ギリシャ人のスピリドン・ルイス（郵便配達夫）が一着になった。マラソンの戦い以後このときまで（西暦紀元前四九〇—一八九〇年）、これほど長距離を走ったレースはなかった。

ギリシャ人は走るよりも歩くことを愛したようだ。アリストテレスは西暦紀元前三三五年、いわゆる逍遙学派の学校をアテネで開いているが、学校の通路を歩いてあがったり、さがったりしながら考えたり講義したりした。彼は死ぬときまで歩く習慣を続けたという。アリストテレスの先生のプラトンもオリーブの木の下で歩きながら講義したという。ソクラテスもアテネの街を歩きまわって真理を求めたという。ラテン語の格言で Solvidur Ambulando（ソルビドール・アムブランド）というのがあるが、困難な事態は歩くことで解決されるという意味である。実際歩くことで、困難の解決法を考えつき、困難をのりこえられる。よい考えがわいてくるだけでなく、歩いて困難な現場から逃げ出すこともできる。プラトンは「歩くことは罪の意識をいやしてくれる」といっている。「歩くことが万病にきく薬だ」と考えて歩くことを好んだアメリカの作家にヘンリー・デービッド・ソーローがいる。彼はニューイングランドに住み、毎日ウォルデン湖のまわりを歩くことで精神の平衡を保ちつづけた。

「私は一日に少なくとも四時間、森の中をくぐり抜け、野や丘を歩き、世の雑事から絶対に自由にならないと私の健康と精神が保てないと思う」といっている。歩くことで創作活動を続けた哲学者、作家も数多い。ベンタム、ルソー、カント、ニーチェ、ワーズワース、ジョナサン・スイフト、サミュエル・ジョンソン、バッハなど。

日本人では松尾芭蕉は行脚を続けて俳句をつくった。『奥の細道』はその産物であることはだれもが知っていることである。国木田独歩も「山林に自由存す」といって、武蔵野の林の中を独り歩きすることを好んだ。

歩くことでインスピレーションを得て創作活動をした人は多いのに、走ることで創作をしたというのはきいたことがない。おそらく、ランニングの効用がアフリカ猿人以来忘れられていたからで、ランニングが創造活動をたすけないからだとは私は考えていない。

創作に歩くがよいか、走るがよいかは決定的なことはいえないが、私にとっては走ることの方がよい。もっともワーズワースのように八〇年の生涯のうち、三万キロメートルも歩くとどうだろうか。歩くことでも充分であろう。ある人が彼の家を訪れて「書斎はどこにあるか」ときいたら、ワーズワースは、「ここにあるのは図書室で私の書斎は戸外だ」といったという。彼は一日に一六キロメートル以上家のまわりの山河を歩きまわったという。六〇歳の彼のフィットネスは二〇歳のそれに匹敵していたに違いない。

モンテーニュも走ることの得意な人であった。モンテーニュの父親は商人で資産をつくった人であったが、七一歳で死ぬまで活発な運動家であった。モンテーニュは『エセー』の中で書いている（荒木昭太郎訳『世界の名著24　モンテーニュ』二六四ページ、中央公論社）。

「身のこなしの巧みさ、敏捷さは、わたしは持ったことがない。それなのにわたしは、とても敏捷で非常な高齢まで潑剌さをしめし続けた父親の子なのだ。父は彼と同じ身分の人々のなかで、あらゆるからだの運動にかけて彼に匹敵する者をあまり見い出さなかったが、わたしが走ることは除いて（これについては並み程度だ）、わたしよりまさっていない者をあまり見出さなかったと同じようだ。ダンスもポーカー遊びも、レスリングも、わたしはほんのちょっとしたごく一般的な実力しか身につけられなかった。水泳、剣術、跳躍、飛躍はまったくだめだった。手はとても無器用で、自分のためだけにもきちんと字を書くことができない。……わたしのからだの状態は、要するに、精神の状態に非常によく合致している。溌剌としたものは何もないのだ。ただ充実し、確固とした力強さはある。わたしは苦労にはよく耐える」。

また別の章で「一日中、立ったままでいられ、散歩するのが嫌になることは全然ない」(同、五二一ページ)、「わたしは、足ばやに、確実な足どりで歩く」(同、五三六ページ)とも書いている。一日中立っていても平気でいられるのは充分な体力があるからで、モンテーニュも彼の父もたいへんなフィジカル・フィットネスの持ち主といえる。走り、歩きを日常やっていなければこれほど強くはなれない。彼は自分の読書室も広いスペースをとって歩きまわれるようにしていた。

「エセー」とは、たえず自分の思考力をためし、判断力を繰り返し検証して、知性と感性と想像力をいつまでも若く保つということで、モンテーニュは自らの肉体をきたえることで頭脳の若さを保ちつづけたのだと思う。四〇〇年前にモンテーニュの考えたことを想い出しながら走るのもよい。適当に『エセー』のページをめくって、そこに書いてあることについて考えるのだ。『エセー』はどこから読み出してもおもしろく、どこにも魅力があふれている古典だとは、ひとのよくいうことである。

第五章　渇き

昔は、スポーツ中に水を飲むとスタミナが減少するので、運動選手にはなるべく水を飲ませないようにした。「たのしみのためのランニング」ではそんな制限はいらない。からだにきいて走るのだから、のどが渇いたらランニングを中断して水を飲めばよい。のどの渇きはからだに水が少なくなったことを知らせる警報だ。ただし、飲むのは必要な量だけだ。胃の中にものがたまると内臓へいく血液量が増えるので、多量に飲むと走りにくくなる。だから、ランナーは走っているときにはあまり水を飲まないし飲めない。

走っているときに失う水の量は、一時間のランニングで一・五リットルにもなる。走っているときには、こんなには飲めないので、ランニングを続けると脱水状態が必ずおこっている。汗はちょうど血液をうすめたようなもので、水と一緒におもにナトリウム、クロールが失われる。

表10は血液と汗の電解質の濃度を比較してある。飲む液体は真水でよいが、ナトリウム、カリウムなどを血液と同じ濃度で含んでいる液体を飲む方がもっとよい。最近では、そのような飲み物が市販されている。コーラの類は電解質のほかにカフェインや砂糖が大量に入っているので、飲んだあと重量感がある

表 10 血液と汗の電解質 (mEq/L) の濃度の比較

	ナトリウム	クロール	カリウム	マグネシウム	計
血　液	140	100	4	1.5	245
汗	40—60	30—50	4 — 5	1.5—5	75.5—120

し、糖分のとりすぎになる。からだがよく知って働いてくれて、血糖値を保ってくれているから走っているときに糖分を補給する必要はない。ランニング中の糖分の補給は筋肉内での糖質代謝をたすけるので、本来なら飲んだ方がよいのであるが、胃にもたれ、腸から吸収されるまで時間がかかるので実際には役立たない。マラソン中に胃に入れる食事の半分はマラソンを完走しても胃に残っている。生ジュースを飲むのも人によってはよい。ただ、しぼったままのものは濃すぎるので、二倍くらいに水で割って飲んだ方がよい。うすめて飲むランナーも多い。ビールを飲んで走り続ける人もいる。これらは「たのしみランニング」にはすすめられる飲みものである。ただ、飲みすぎて酔っぱらったときには血圧がさがりすぎるので心臓に負担がかかる。そんなときにはランニングはやめにする。ビールは一缶で一一〇カロリーあり、ナトリウムはほとんどなく、カリウム、カルシウムを若干含んでいる。アルコールは胃からすぐ吸収されるので、筋肉にすぐ利用される。

昭和四九年六月一六日午前一〇時の東京の「第一四回 多摩川堤マラソン大会」は真夏の太陽のもとで行われたマラソンであった。壮年の部（一〇キロメートル）の参加者のうち八名が貧血、けいれんなどで倒れ、四四歳の洋服屋さんが脳出血で急逝されてしまった。この人たちはいずれも市民マラソンのベテランで事前の簡単な健康診断も異常なしだったらしい。このような事故では充分な経過の調査と死亡後の病理解剖が行われてないので、本当の死因はわから

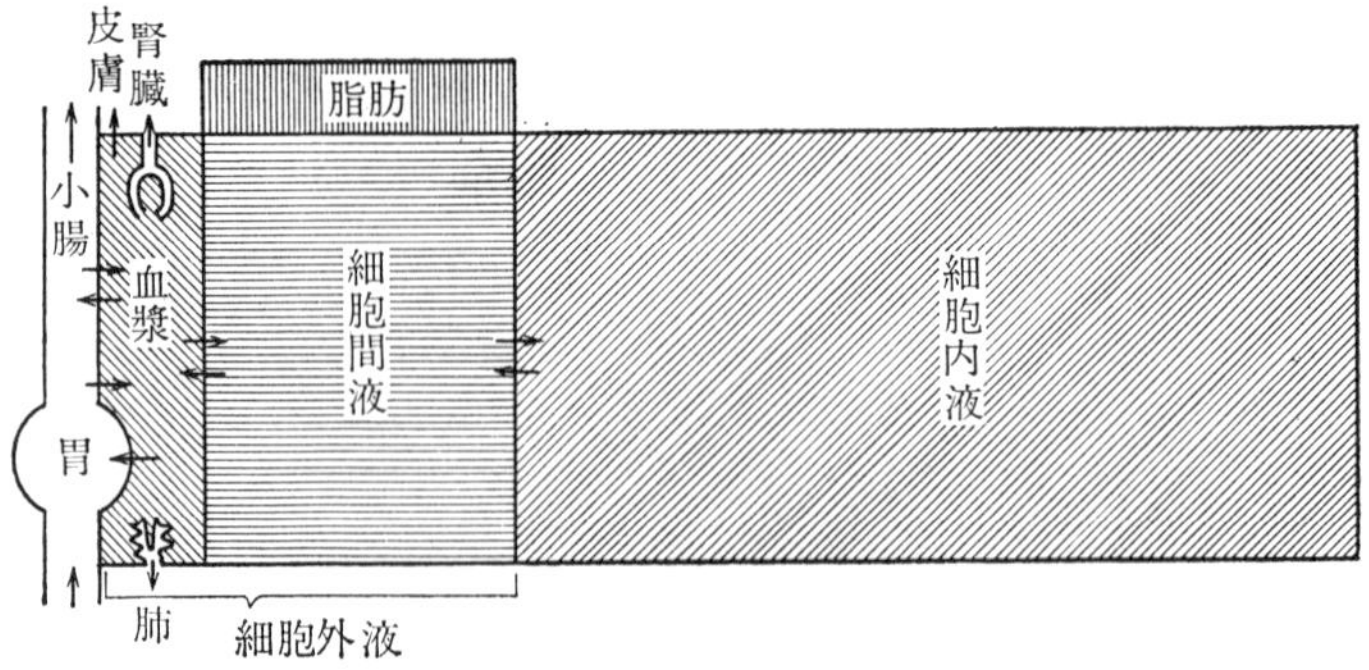

図 14　体内の液体成分（水とそれにとけた栄養物）の出入

ない。また、どんな名医が事前の医学検査をしても完全に予防できるものではない。事態を予測できるよう検査するには、室温や湿度を大幅に変えられる検査室が必要で、その中で走ってもらわなくてはならない。不可能なことである。この多摩川の事故は真夏でのマラソンの事故として今や国際的に有名となり、脱水の危険を教える例としてよく引用される。摂氏三〇度をこえるような気温ではマラソン大会を開いてはいけない。また、参加してもいけない。

私たちが一日に失う水は約二―二・五リットルである。そのうち、尿として失う水が一―一・五リットル、肺から吐く息で炭酸ガスを出すときに一五〇―四五〇ミリリットル失う。皮膚から失うのが六〇〇―七〇〇ミリリットルである。汗や尿以外で皮膚や肺から失う水が約一リットルあるが、意識にのぼらないので不感蒸泄といわれている。一リットルの水が蒸発によって失われると約五八〇カロリーの熱エネルギーが失われる計算である。

真夏で一時間も走ると一・五リットルの水がからだから失われる。走りながら水を補給してもこれだけの量を飲むことは普通はないし、飲んだ水はしばらく胃に残っているので、脱水はどうしてもおこってくるのである。いくら飲んでも補給ができるのは失う量の半分くらいである。からだの水分が減ると血液が濃縮されて酸素運搬能力は低下

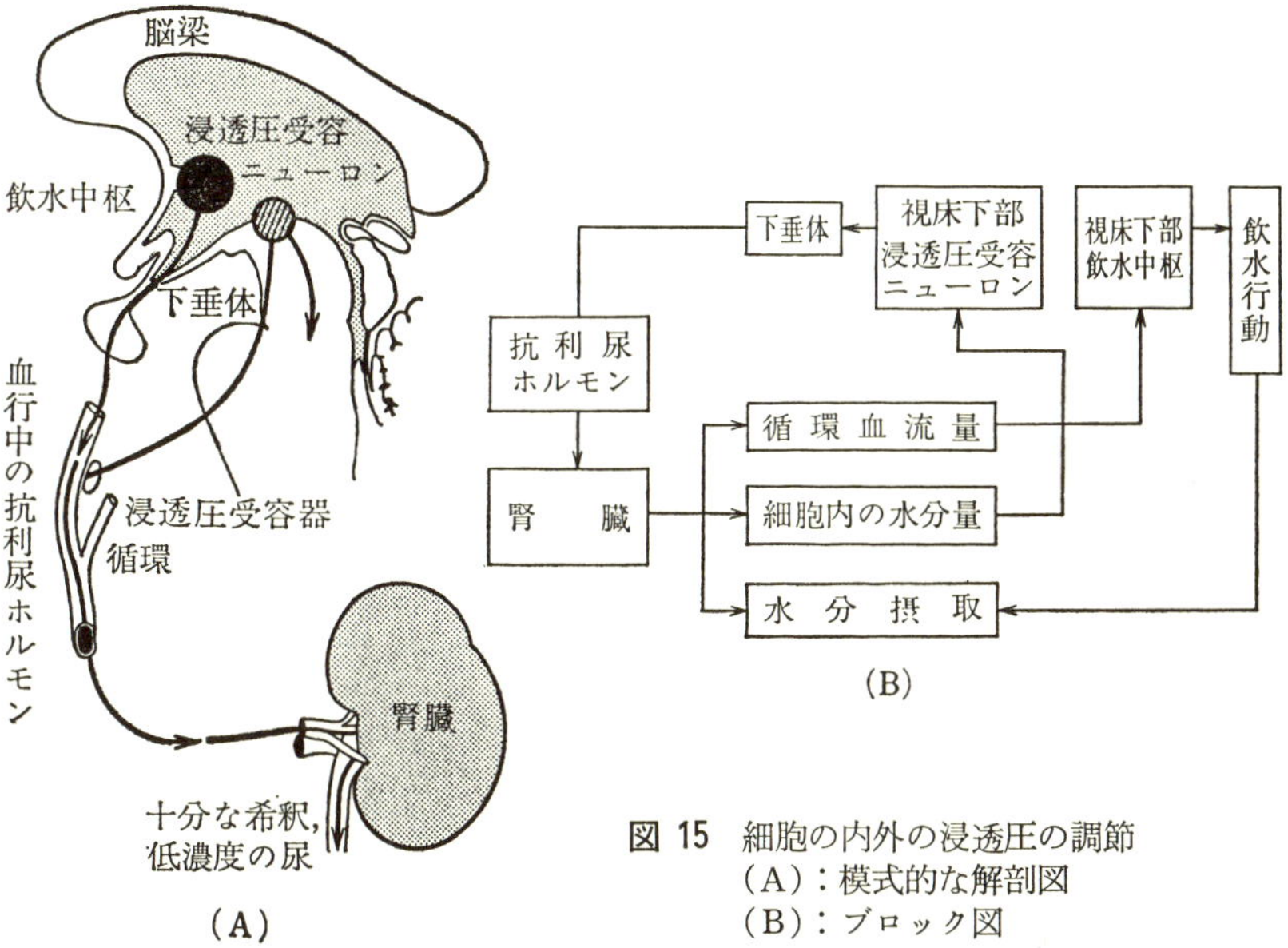

図 15　細胞の内外の浸透圧の調節
（A）：模式的な解剖図
（B）：ブロック図

し、脳に最初に酸素不足障害が出やすくなる。こんなときにがんばって走るのがいけない。競争するのがとくにいけない。「たのしみランニング」ではマラソン大会でも無理はしない。何かからだに異常を感じたら、たとえば吐き気、脱力感、めまい、頭痛などあれば、すぐにやめることである。よく考えて脱落するか歩きを続けるかする。のどが渇いたら止まって水を飲む、それに限る。熱狂的になりやすく、競争好きな性格の人は注意が肝心である。

人間は一〇日以上食わずにおれるが、水を飲まないでは三日も生きておられない。からだの水分の減少には、細胞内部の水分の減少と細胞外の水分の減少（血液の液体成分、つまり血漿と組織間液とを合わせて細胞外液という）の二種類が区別される。

図14は、体内の水分の分布と水にとけた電解質の出入を模式的に示したものである。水分とそれにとけた栄養物は消化管から吸収され血管へ入って血漿（体重の五パーセント）となる。肺、皮膚、腎臓から水分と代謝産物は排泄される。汗もその一部であ

る。血漿の水分と栄養物は血管外へ出て組織間液（体重の一五パーセント）となり、細胞内へ運ばれて細胞内液（体重の四〇パーセント）となる。細胞内の水分と代謝産物は組織間液をへて血漿となり、ここから体外へ排泄されるのである。細胞内の水分が減少すると細胞内の電解質が濃縮され、細胞の容量が小さくなる。細胞の容量が一―二・五パーセント減ると興奮活動を開始するニューロン（浸透圧受容ニューロン）が視床下部にあり、このニューロンが活動を始めると飲水行動がおこり、図15の下垂体後葉より抗利尿ホルモンとよばれるホルモンを血液中に分泌させる。抗利尿ホルモンは腎臓から出る尿の量を減らし濃くするので、尿として放出される水の量は減る。

このような細胞内の脱水は、少し走って、のどが渇いて水が飲みたいときにはまだおこっておらず、循環している血液が濃縮されているだけである。血液が濃縮されると、静脈が心臓へ入るあたりに血液量の濃度に鋭敏に反応する受容器（浸透圧受容器）があって、これが神経パルスを視床下部へ送って反射的に飲水行動をおこしやすくする。のどの渇きの程度は血液量の減少と平衡関係にあり、脱水を知る一番感度のよい指標である。しゃべりすぎたりすると唾液が出なくなって、のどが渇いてくるが、このときには全身の脱水はおこっていない。のどが渇いたときに水でのどをうるおすだけで渇きは止まるが、からだの脱水状態は改善されず、一時おさえでしかない。随意脱水抑制という言葉があるくらいで、脱水のときにおこってくる飲水行動は我慢して抑制することができるのである。また、われわれは食事のときに水を補う傾向があって、脱水抑制を常習としている人は多い。

ランニングでは筋が仕事をするので熱が出る。この熱は流れる血液の温度をあげる。視床下部の前部には温度に敏感なニューロン（温受容ニューロン）があって、熱い血液がこの部分に流れこむとニューロンの興奮活動がおこり、視床下部の後方部の体温調節中枢を賦活させ、副交感神経系を興奮させ汗腺が働いて汗の分泌をおこす。その結果、体温がさがるように熱の放散が行われ、脱水がおこってくるのである。

図16に、この関係を模式的に示してある。汗を出すには視床下部前部の働きが大切である。汗腺のないイヌでは、口であえぎ呼吸をして、口から唾液を出して熱を放散する。外気温が低いときには皮膚にある冷受容器が働いて体温調節中枢を利用して熱を出さないようにしている。

第一級のマラソンランナーが水を飲まないでマラソンを完走すると、直腸体温は摂氏四一・三度にも上昇する（コスティル、一九七二）。四〇度は普通の人で熱射病のおこるぎりぎりの体温である。水を飲んで走った場合は約一度低いので、ランニングの水の補合の大切なことがわかる。

汗が出ると皮膚一般の活動もたかまるようだ。私の場合、ランニングを始めて半年後くらいから全身の皮膚が柔らかくなり弾性が出てきた印象で、若さがもどってきたようだ。年をとると皮膚は組織間液の水分が減ってきてカサカサになり、弾性線維が細くなって数が減り、うぶ毛が減って、毛は白くなる。老人斑ができ、黒くなる。蛋白合成がおそく、異常になる。このような皮膚の老化現象の一部が少なくなって若返ってきたのである。皮脂腺の分泌も増え、艶が出てきた。皮脂腺の分泌に一番関係しているのは、睾丸で生産される男性ホルモンであるが、ランニングで男性ホルモンの分泌が増えているに違いない。私の睾丸も少しふくらんで少しかたくなったようだ。

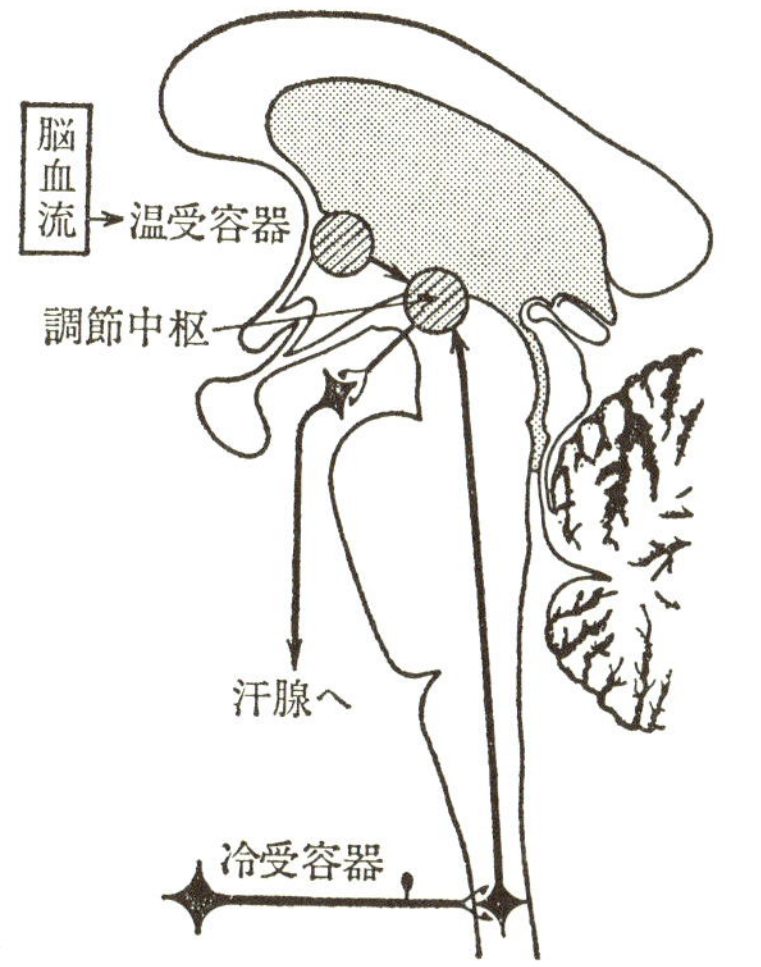

図 16 熱を放散するメカニズム
視床下部の前方に温受容器があり，視床下部後部に体温調節中枢がある。

なぜそうなるのか。皮膚の変化について友人の皮膚

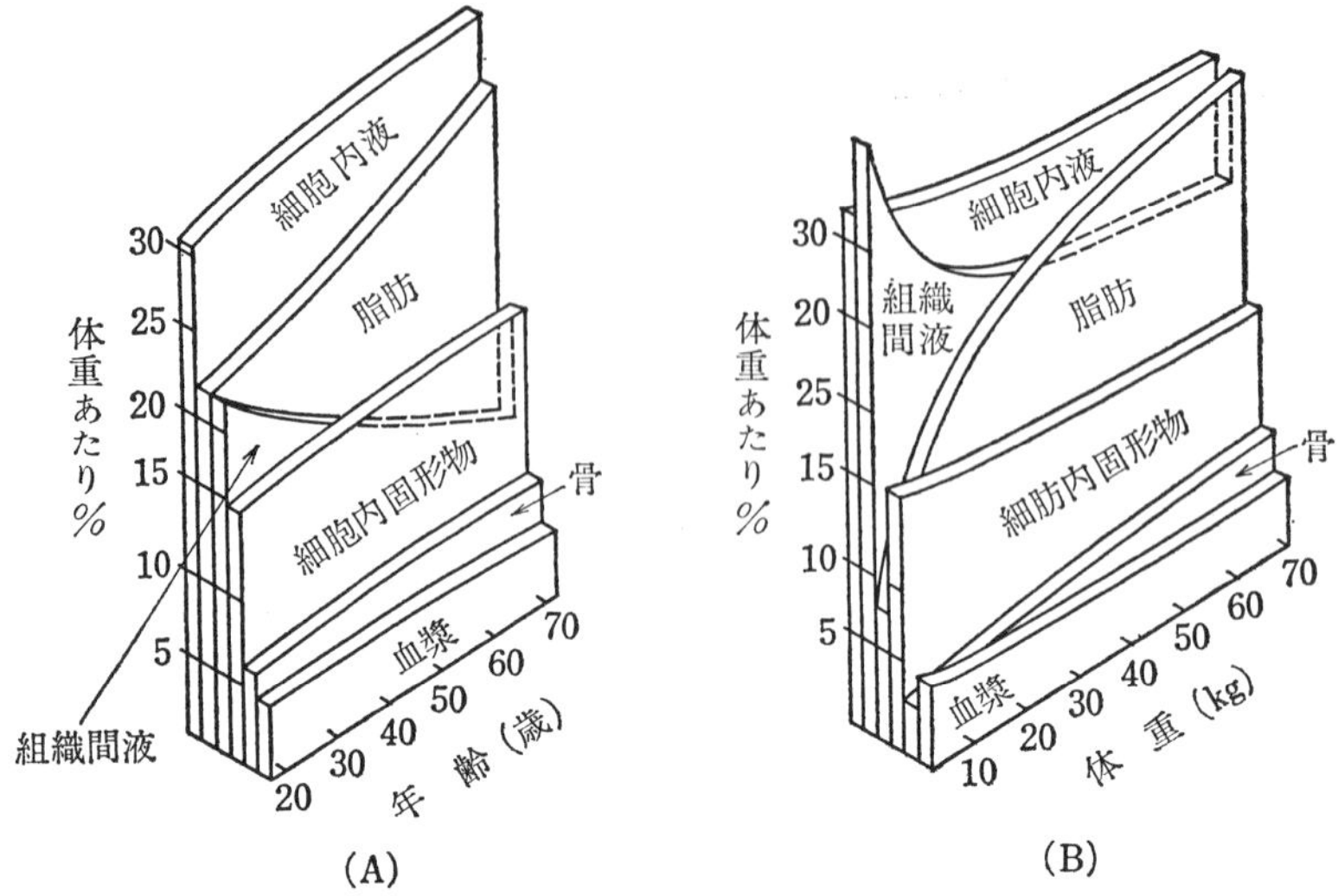

図 17　体組成と体重や年齢との関係（生物ハンドブック，1974より改変）

科の教授に説明を求めたが、満足すべき説明はしてくれなかった。

ランニングと水

からだの水の量は体重と年齢で変わってくる。赤ん坊では体重の七五パーセントが水分であるが、幼児では六五―七五パーセント、大人になると六〇パーセント、老人になると五五パーセントと年をとるほど水分が減ってくる。

図17(A)に年齢による体内組成の変化を示している。年とともに減るのは組織間液であることがわかる。ところが血漿、細胞内固形成分、細胞内液は年齢によってほとんど変わらないのである。逆に年とともに増えるのは脂肪である。だから、年をとって太るのは実は老化現象の一つなのである。ランニングで脂肪を減らすと老化が止まり若返るのである。老人の皮膚のカサカサは組織間液の量が減ったことが原因なのである。

図17(B)は、体重と体内組成の関係を図示したもので

ある。体重が増えると、脂肪が増え組織間液が減る。血漿、細胞内液、細胞内固形成分はほとんど変わらない。骨は体重が増えると重くなる。体重が増えたときの体内組成の変化は、老人になるとおこる変化なのである。太ると早く老人になるのである。やせるとこれを遅らせることになる。水の体内分布の変化はからだのすべての部分でおこっているので、皮膚の変化はその一部にすぎないのである。

からだの水分の量が減る場合には、視床下部の圧受容器で細胞内液の減少、血管圧受容器による血漿の減少が検出されるが、組織間液の減少を検出する受容器は体内には備わってないので、皮膚にさわったり、見たりして、考えて理解するしか方法がないのである。

ランニングをはじめたころ、走り始めること三―五分でのどが渇いて困った。水の飲めないところを走っていたので我慢していたが、しばらく走っていると渇きがおさまってきた。おそらく口を開けてハァハァいいながら走っていたので、一時的に唾液の分泌が減ったためおこっていたものと思われる。やがて、このような渇きはおこらなくなった。

暑い日のランニングのときの注意は、日射病にやられないことである。走る前に水を飲むこと、三〇分くらいおきに水を補給することである。頭痛や吐き気がしたらやめることである。水を頭からかぶって涼しいところで休む。吐き気、頭痛が続くようなら、医師の指示で電解質の点滴静脈注射をうけなければならない。

からだの水分調節や体温調節のメカニズムは、急な環境の変化に適応するようになっていないことを知るべきだ。急な脱水を知らせてくれる警報装置が「のどの渇き」だけしかないので不充分なのである。

一回のマラソンで三リットルの水を失っても、一リットル飲めばのどの渇きは止まり、一時的にしのげるのでマラソンのあと何日間も脱水状態が続くのである。

脱水状態が慢性的に続くと、疲れやすくなり、汗も出なくなる。走っても体温が上昇しやすくなり、心臓血管系へ強いストレスを加えることになる。慢性脱水を防ぐ一番よい方法は、毎朝おきたら体重を測って調節することである。走ったつぎの日、急に一—一・五キログラムも体重が減れば水を飲むようにする。飲みすぎは健康な人では心配することはない。余分な水は尿となって飲んで数時間くらいで排泄される。私の経験でも二時間も走ると、水を必要以上にとる努力をしないと、翌日体重の減少が目立つ。走った量から予想される体重よりも、体重が減っていると水を飲むことにしている。

たのしみのためのランニングでは充分水を飲んで走り、終わったらまた飲むことである。走ったあとのビールがうまいので、ビールを飲むために走っている人もいるくらいだ。

のどの渇きに注意するだけではなく、自分のからだにきいて走る習慣をつけることが大切である。たえず自分のからだに気をつけて走ろう。異常がおこっているかどうか注意して見つめよう。内臓、筋肉、骨の痛みや変な感じに注意しよう。何でもないと放っておくのではなく、なぜおこってくるのか考える。放っておいたらどうなるかを考えるのだ。考えたうえで放っておいてよいと結論が出たら放っておく。何も考えないで放っておかないことだ。対策が見つかったら原因を除く。異常がおこるときは必ず原因があるのだ。汗が出たからのどが渇く、釘を踏んづけたから足の裏が痛むなどなど、生理学や医学に強くなろう。考える習慣を身につけよう。

どうしてよいか対策が考えつかぬようなら近所の医者に相談することだ。相談するときにも何事も納得づくで理解すること。納得できるまでききき、できなければ信用しない態度が大切である。医師が薬をのみなさいとすすめても、なぜのむのか、のんだらどうなるのか、のまないでおくとどうなるのか、納得してから薬をのむ。考える習慣がつくと薬の名前をきき、のむ量が適当かどうかも考えられるようになる。このような人が患者さんになったら、医師としては扱いにくいし、うるさい。忙しいときはついついいい加減な返事をしたくなる。

自身のからだにききながら「たのしみ」のために走ろう。この態度が事故を防ぎ、「たのしみ」を倍増する。

第六章　陶酔状態（ランナーズ・ユーフォリー、ランナーズ・ハイ）

ランニングを五―一五分続けていると、急に気分がよくなって、いつまでも走り続けられるような気がしてくる。実際には走り続けているとやがて、疲労困ぱい状態になって走り続けられないのであるが。この気分がよくなる状態は急にやってくる（セカンド・ウィンド、次息）。この気分のよい状態のときは意識もはっきりしていて、ものを考える力も普通以上にある。さらに二〇―四〇分も走り続けていると、少し頭がぼんやりしてくるが非常に気持のよい状態がやってくる。この状態を本書では陶酔状態（多幸）とよぶことにした。多幸感、上気嫌といってもよい。英語でいえばユーフォリー（euphorie）で主観的に気分のよい状態のことである。アルコールで酔っぱらった状態、マリファナ・ＬＳＤ・アヘンなどの麻薬をとったときにみられる意識状態に似ている。医学的には進行性まひ、初老性精神病、老年期精神病、てんかん、前頭葉の障害（モリア）で似た意識状態がおこるが、意識障害や運動障害を伴うので違ったものである。

ランニングで陶酔感のおこることに気づかないでいるランナーが実に多い。ミュンヘンやモントリオールのオリンピックの日本代表選手になった宇佐美彰朗氏ですら、まれにしか経験していない。彼が走ることにやみつきになった理由を次のように書いている（『フットワークがすべての基本だ』CBSソニー出版、昭和五四年、五一ページ）。

「まだ、ランニングを始めて間もない頃だった。キャンパス内を独りで走っている時、ふっと気付いた。いつもと違う、まるで自分ではないように、リズムに乗って手足が動く。呼吸もピッタリそれに合っている。すると全身から快いリズムが湧いて来た。こんなことはかつて経験したことがなかった。どこまでもそのまま走れるような気分が続いた。あれは、日常生活のなかからは絶対に味うことが出来ない。信じられないような、素晴しい時間の流れです」。

彼は地球を二周以上走ったベテランであるが、このような感情のたかまり、乗っている感じを何度経験しているのだろうか。

走り出して数分、セカンド・ウィンドが過ぎるとだれでも多少とも気分がよくなって、いつまでも走り続けられる気持になってくるが、大事なことはそのような気持を味わいたいと思わなければ、気分のよい状態はやってこない。心の持ち方が大切なのである。マラソンレースのように競争に勝とうと思って走るとよい気分はまずやってこない。苦痛に打ち勝って努力するところに、マラソンの意義があると主張するような人は、よい気分を知らない。無気呼吸が必要な走り方をすると酸素不足がおこり息苦しくなるのである。

たのしみのためのランニングでは、よい気分の状態を続けるように走るのがねらいである。ゆっくり、マイペースで走るのはそのためだ。単調なリズムで地面をけりつづけるのだ。外の景色を見ながら走るのがよい。宇佐美氏の経験した感情のたかまりをランナーズ・ハイとか、サード・ウィンドとかよんでいるが、私の経験でも多くのランナーの経験でも、少なくとも三〇分走り続けないとやってこない。私が「週二時間、一回少なくとも三〇分続けて走れるように」というのは、この感情のたかまりの状態を経験するためである。

ランニングをしている人の顔付きをみていると苦痛に耐えているようにみえる。だからランニングはつらいもの、苦しいものという印象がある。しかし、これは食わず嫌いである。苦しそうに見えても、陶酔状態のときもあるし、本当に必死にがんばっている場合もある。他人に話しかけたり、余分な顔面筋を動かす必要がないので、ランニングのときの顔になっているにすぎない。

「目標のないランニング」、これこそがたのしみのためのランニングの真髄だろう。ランニングを健康のためにすすめる入門書は最近は数多く目にふれるようになったが、そのどれもが、健康のためによいから走れという。具体的に、何日目には何キロメートル走れ、どこまで走れと書いてある。正しいフォームはこうすべきだと親切に書いてある。このような具体的目標をきめて走ると陶酔状態はおとずれにくいものだ。こんな走り方は走っていてたのしくない。競争馬をつくるやり方でランニングを教えようとしているのだ。

ケネス・クーパーというテキサス州ダラスで開業している医師は、具体的な目標をきめて運動をすることをすすめている。エアロビックス健康法（クーパー法）がそれだ。

クーパー法では一定の酸素消費量を点数に換算し、一週間に三〇点かせげるようになると最低の心臓血管系のフィットネスが得られるというのである。たとえば、一・六キロメートルを走るのに一一分三〇秒かかって走ると三点で、同じ距離を八分三〇秒で走ると四点になる。時間が短い方がはげしい運動でエネルギー消費が大となるので、点数が増える。これは一五〇ミリリットル／分と二〇〇ミリリットル／分の酸素消費に匹敵する。

クーパーは、さらにフィットネスを五段階に分けて、年齢、性別を考慮して、その人にあったプログラムをつくっている。そして何週目に何点になるように運動せよと細かくきめている。このやり方に従って一〇—一五週ただ走っていると、心臓血管系のフィットネスができるのである。エアロビックス法（有気呼吸法）は一九六八年に発表されたものであるが、その後、実際の経験を加えて、女性は少ない点でよいように二四点に改良して発表したのが新エアロビックス法（一九七〇）である。基本は酸素消費量を点数にして、走って「点取り」をすることになる。どの程度の運動をどれだけすれば、何点になるかを知っておくと比較に便利であるので、知っておくにこしたことはない（表6参照）。

毎日毎日、何点と点数の増えるのをたのしみ（報酬）に走れる人はクーパー法を実行するとよい。しかし、この方法で心臓血管系のフィットネスが得られるようになるまでは、走ることはたのしくない。どうしても、一生懸命努力して走ることになるからだ。クーパーのやり方で一週三〇点をかせげるようになれば、フィジカル・フィットネスの最低は得られるので、そのつもりで、最低が得られるまでがんばるのも一つの方法であり、全く否定することはない。心臓のフィットネスができてからたのしく走ることにしたらよい。

クーパーの書の第一版を日本語に訳しておられる原礼之助氏はクーパー法を実行して礼賛し、週三〇点をこすようになると健康になった由である。氏は日本から飛行機でニューヨークへ行くことが多いのであるが、体力のないころにニューヨークへ行ったときは時差ぼけがおこって昼夜のリズムが乱れるので、ニューヨークに着いても一日くらい休まないと仕事を始めることができなかったが、週に七〇—八〇点をこすほど走れるようになると、飛行機がニューヨークに着くなり、仕事にかかれるようになったと、クーパー法（エアロビックス法）をすすめておられる。

私の考えでは、「点数のことなど気にすることなく走りなさい、たのしみをもとめながら。そしたら自然にフィットネスができてくるのだ」ということである。健康のための苦痛はやむをえないと考えて走るより、気持よくたのしもうと思いながら健康を得るのとどちらがよいだろうか。あとの方が永続きする。

ランニング中の陶酔状態と走った後の爽快感とは似ているが違ったものである。爽快感はセカンド・ウィンドをおこすくらい走ったら、その後、必ずといってよいくらいみられるが、陶酔状態は三〇分以上単調リズムで走っているときにくるものである。三〇分以上走ったあとには爽快感がくるが、長い時間走った後の方が爽快感が強い。

ランニングの爽快感や陶酔状態が脳のどんな意識レベルの状態なのか、このときに思考力や記憶力はどうか、他の意識とどう違っているか、などについては充分な研究は行われておらず、今のところ全く不明といわねばならない。ランニング中の脳波の記録は技術的には簡単にできることだが、そのような報告すら見かけない。ランニング中、セカンド・ウインドをすぎたときの脳波は普通の覚醒の脳波パタンではなかろうか。二〇―三〇分も走り続けて、少し思考力がにぶり、ぼんやりして外の景色をたのしんでいる状態では、少し意識レベルがさがってきたときに見られるシータ波（θ波、五―六ヘルツの波）が脳表面から出ているのではなかろうか。

ランニング陶酔状態のときに異常感覚の体験のあることをコストラバラが書いている（一九七六）。コストラバラはアメリカの精神神経科の開業医で心筋梗塞の治療の実験患者に偶然選ばれたことからランニングを始める。そのときの体験を書いて、それがアメリカでベストセラーになった（“Joy of Runnig”）。その中でつぎのような体験を書いている。

「四五分ほど走り続けたあと、空中をとぶカモメをみたが、それが突然みえなくなって、カモメがからだの奥底に移入し、うれしさと喜びとが湧きあがってくる感じがした。そしてカモメにみられるすべての美が視野の一点へ凝集していくような感じがした」といっている。そして、このときの美しい印象がいつまでも残って一生の宝になったという。

このような光刺激による異常体験は、現実にあるものが、価値をともなった別のものにみえるので幻視(錯視)といってもよいが、記憶がはっきりと残るので、薬物によっておこる幻視とは違う。

コストラバラの本ではもう一つの例があげられている。

走り出して三〇分もたったころ、荷台に新聞をつんでバイクを押していく少女が、彼の傍らを通りすぎようとした。彼女のズボンがチェーンに引っかかっているのが見えたので、「大丈夫ですか」と声をかけ、ペダルを踏んで引っかかりをはずしてあげた。彼女がにっこりしてお礼をいってくれたが、そのあと、約一〇秒ぐらいのことであるが、突然、彼女の微笑が彼の記憶の中にとび込んできて、女性に対する愛、喜び、親切、優美が発散してきて、彼女がトロイのヘレン、聖母マリア、イブ、アフロディテにつぎつぎと変身してみえた。このときに、この珍現象に気づいたが、この感情は永久に彼の心の喜びとして残ったという。

この二例とも三〇分走ったあとにおこっており、どちらも視覚の現象であることがおもしろい。このほかにこのような体験の報告はきいたことはないが、ゆっくりと長時間たのしみながら走っている人で異常体験をもっておられる方も多いのではなかろうか。

シェーハンは三五分走ったあと経験した例を語っているが、「長い登り坂をのぼりつめて、下りにかかった時に、突然自然と一体になった感じがして、平和と満足感がやってきた。自分と世界にあるすべての

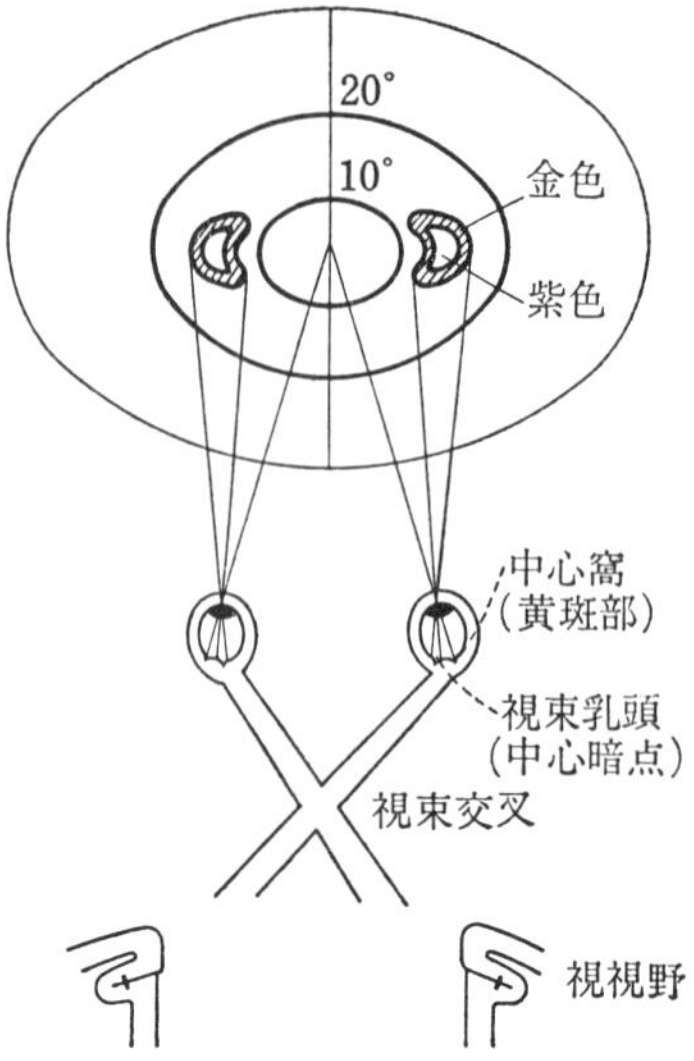

図 18　走って20—30分でおこる視覚体験——二つの腎臓形の玉
中心暗点に腎臓玉が見えるということを説明する図。

ものに愛を感じた。自分で何かをしようという意志を働かせる必要はなかった。道路が自分に向って走っているようにみえた。この感じのおこった場所からはなれようとは思わず、この時間がいつまでも続けばよいと思った」と。

　私もこんな経験がいつかおこるだろうと期待してランニングを続けているうちに、初めて半年たって体験するようになった。三〇分以上走り続けられるようになってから、走り出して三〇分以上たってからである。

　何とも形容しがたい状態でシェーハンの書いているのと似た体験がおこるようになった。時間の感じがなくなり、まわりが美しくなり、気持がよくなる。その状態が無限に続くような気がする。自然に対する情愛がわいてくる。何とも表現しにくい陶酔状態である。

　私がランニングを始めて半年もたったころに、夜走っていると目先きにすき透ったような感じのする紫色の玉が二つ見えるのに気がついた(図18)。その恰好は腎臓のような形をしていて、まわりは金色にふちどられていて、視角で一〇度ぐらい離れて見える。目をあけても閉じても見えるので、現実にないものが見えているのだ。また目玉を指で押すとこの二つの玉も移動するので、網膜に写っている像であるらしい。網膜には中心暗点といって、そこに像が写ると全く見えない小さい場所がある。その網膜の場所（黄斑部）は視束乳頭とよばれ、視神経が脳へ向かって出ていくところなので、光受容細胞はない（図18）。

網膜の中心より約一六度離れているので、その場所が空中にあるように見えているのではないかと思われる。しかし、見えている腎臓玉の方は、間隔がややせまい。ランニングを続けていると、この腎臓玉の大きさが変わるので黄斑部の像と考えることも無理である。左右とも同じように大きくなっていくこともあるが、たいていは左が大きくなって、右が小さくなっていく。時には、この腎臓玉が上下に二つ並ぶことがある。必ず二つ同時に現れるのも不思議なことである。中心暗点にできているとしたら、距離が離れすぎているし、丸型にならないのもおかしい。

図18は中心暗点に腎臓玉が発生していると考えて書いた模式図であるが、二つの玉の距離から考えて一番関係のつきそうな生理学的説明と考えて書いた。紫色と金色というのもおもしろい組合せだ。なぜ、そんな色になるか説明できない。

腎臓玉が大きくふくらんで二つが融合しかかったときに、背中の方に光源があると自分の頭部が後からの光がさえぎられて、中心部に黒い人間の顔があってそのまわりが紫色にかがやいているように見える。紫色のまわりに金色の輪があって、後光に輝く仏像をみるような印象をうける。

腎臓玉はランニングが三回に二回の割で現れるが、走り出して二〇分もたつと現れ、三〇分もたったころは消えてしまう。それ以後は二度と現れないのである。これが現れると、色は実にきれいだから、これを見てたのしみながら走る。目を閉じてみると一層美しく見える。

この腎臓玉は満月の夜のように明るいと現れないし、真暗闇のところで出てくることもない。得体のしれないものであるが、現れるときは元気よく走っているときである。異常な体験であることは間違いないが、何であるか全く説明できない。

私の陶酔状態は腎臓玉が消えたときから始まる。陶酔状態のときには、新しい道を走るよりも、走りなれた道の方がよい。坂道を登りつめて下りになるときの方がおこりやすい。気候も暖かいときがよい。多人数で走るよりも、ひとりで孤独をたのしみながら走るのがよい。歌をうたったり、お経を読んだり、お祈りをしたり、瞑想にふけったりする方がよい。数を無心にかぞえるのもよい。

セカンド・ウィンドのあとの心理状態については全く学問的なデータはない。たとえば、考えごとをするとよくまとまるといった測定しにくいような脳機能の増進が体験されている。多数の人がそのような経験を語っているので、すべての人になくてもそれがおこるメカニズムがあるに違いない。

安静時、脳に流れる血液は全体の血液量の約五パーセントで一五ミリリットル/分くらいで、これは脳組織一〇〇グラムあたり五〇—六〇ミリリットル/分である。血液一〇〇グラムあたり酸素は六七ミリリットル消費され、炭酸ガスは〇・六ミリリットル生産される。だから、脳の酸素消費量は四・七—五・六ミリリットル/分となり、肺から摂取される総量二五〇ミリリットル/分の実に二〇パーセントが脳で消費される。ところが、脳の重量は全体の体重の二・五パーセントにすぎない。

代謝の面からみた場合、脳は酸素をとり入れて大量のブドウ糖を消費する器官なのである。

ランニング中に脳の酸素消費は二倍に増えるらしい。「らしい」というのは、正確な値を測定した報告がなく、体育の教科書からの引用だからである。この酸素はニューロンが働くために利用されている。つまり、ランニング中は脳が普通のときよりもよけいに働いているのである。増えた酸素がどこのニューロンをどのように働かせているかが問題なのである。まだ説明できないランニングの効果をおこしているに違いない。

われわれが筋運動をするときは特定の運動をしようとする意志が必ず働いている。このとき、大脳の前頭連合野で運動をおこそうとしたときに発生した神経パルスが大脳運動野（頭頂部の頭蓋の下にある）に

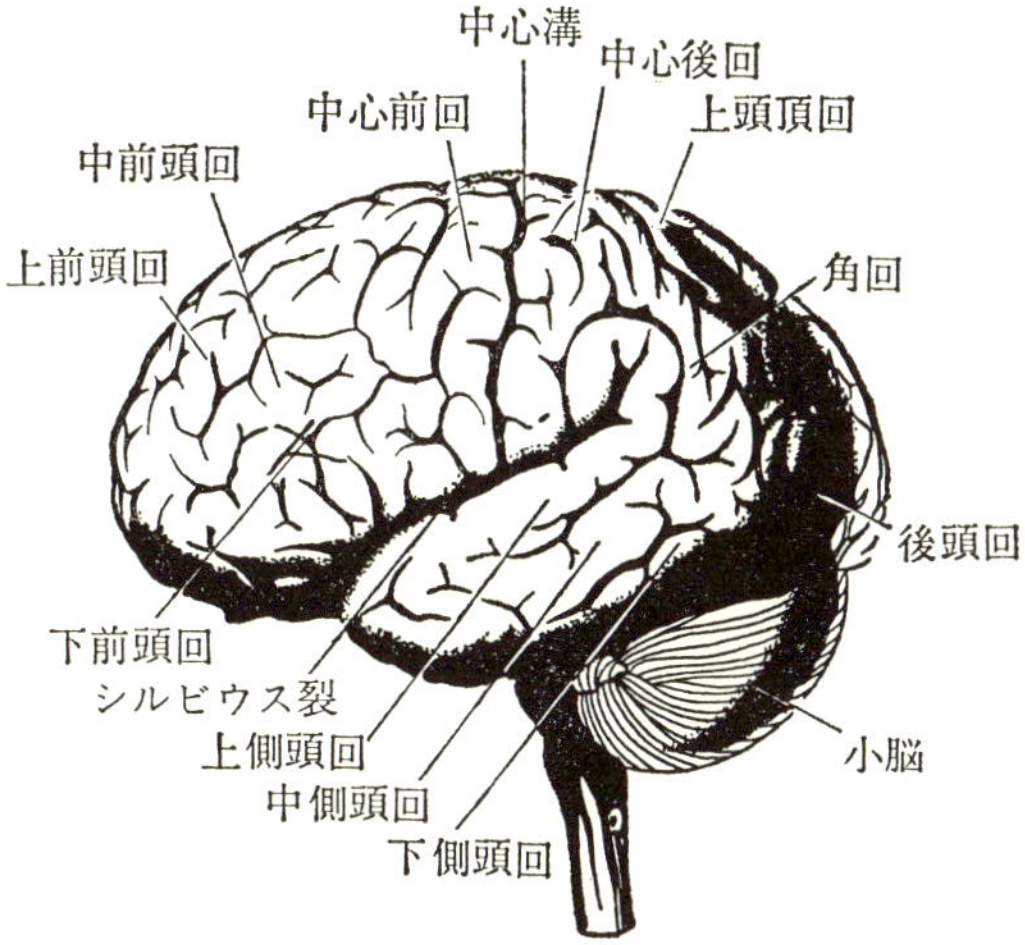

(A)

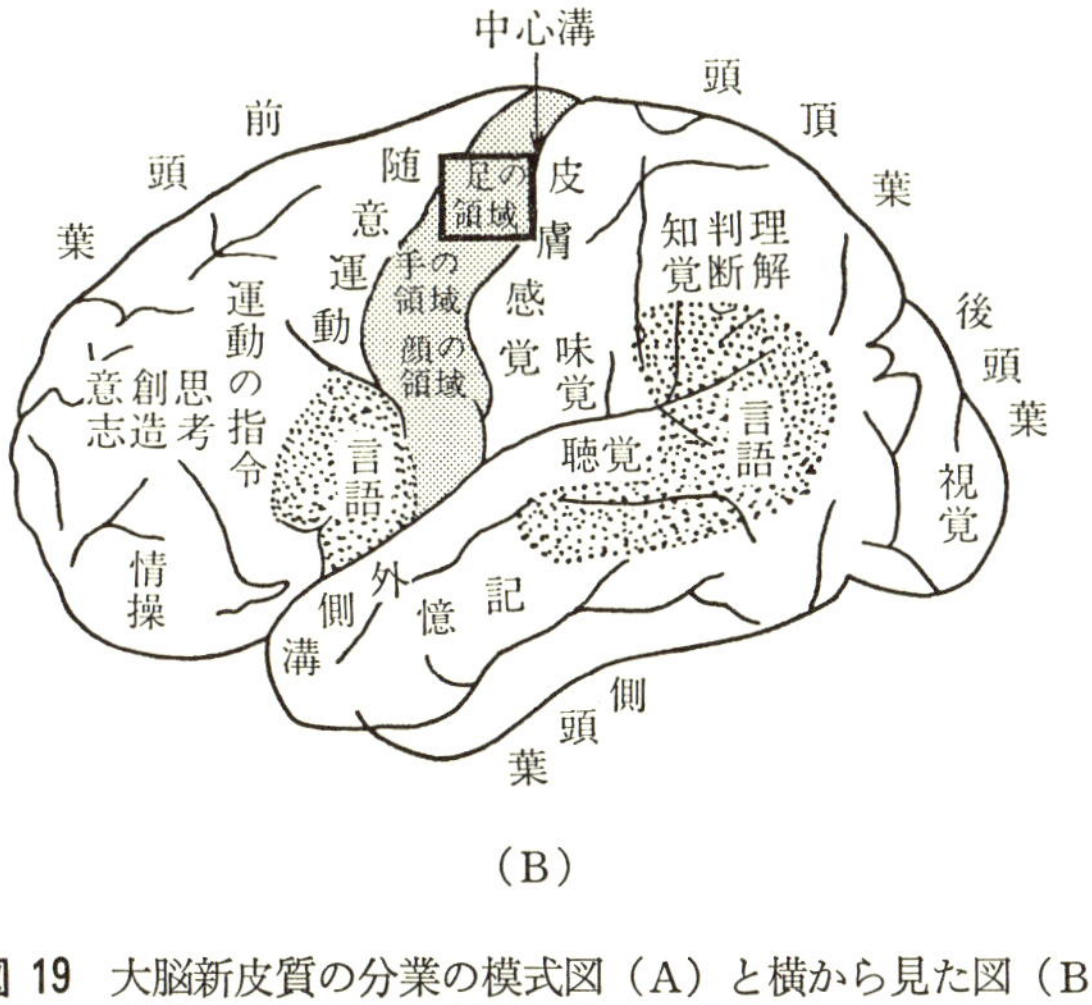

(B)

図 19 大脳新皮質の分業の模式図(A)と横から見た図(B)
運動野を網で,言語野を点で示す。

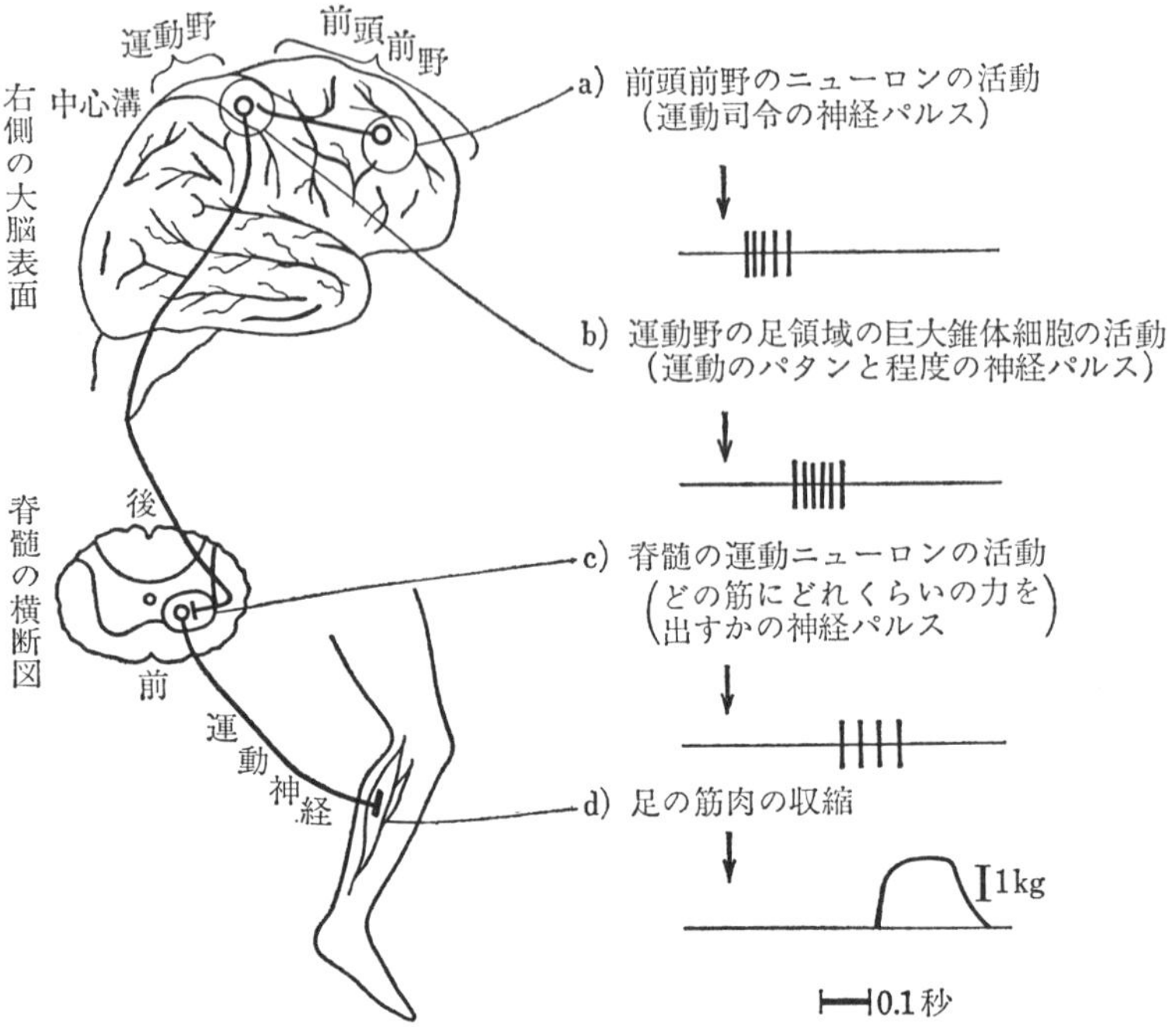

注：矢印は運動の意志が脳内でできた時点.

図 20　足を動かす神経系の回路とニューロン活動の時間経過

伝えられて、これが筋肉に送られて筋が収縮する。ランニングのときにも、足の筋肉を動かせようとする意志が働いた結果、運動野の中の足の筋を動かせる領域にあるニューロンが働いて、足の筋が働く。つまり足の筋が収縮するときには必ず運動野の足領域のニューロンが働いているのである。足領域の運動ニューロンが働かないときには足の筋は絶対に収縮してないのである。足の筋は足領域の運動野の奴隷なのである。

　図19は、ヒトの大脳皮質で足の運動の指令を出す領域と大脳の機能局在を示している。大脳の場所によって機能が異なっていて、異なった場所に異なった機能が局在している。運動の指令は、大脳連合野、ことに前頭前野でつくられる。足の運動をおこす場所は運

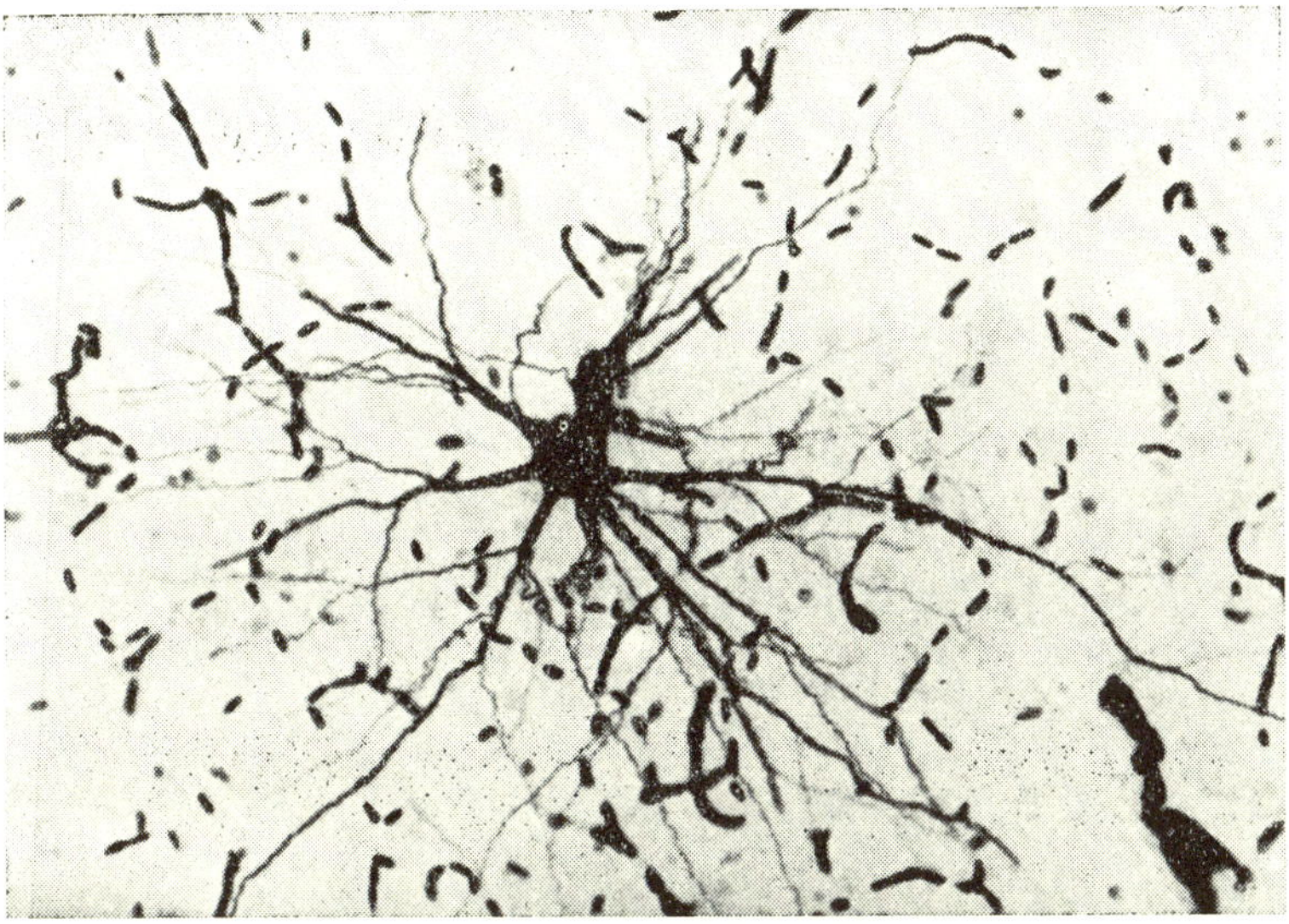
図 21 サルの足の運動野の巨大錐体細胞

動野の一部で、運動野は手足をはじめ、身体中の筋肉を動かすときに働くのである。

運動野には非常に大きい神経細胞（ベッツの巨大錐体細胞とよばれているニューロン）があって、このニューロンが働くと、脊髄の方へ神経パルスが送られ、脊髄の運動ニューロンに神経パルスを出させて足の筋肉が収縮するのである。

図20にサルの足が収縮する場合の時間関係を模式的に示してある。前頭前野でつくられた運動の指令（a）は、運動野の巨大錐体細胞（b）を賦活して神経パルスを発生し、そのパルスが脊髄の運動ニューロン（c）に神経パルスを出して、その結果、筋肉が収縮する。サルでもヒトでも運動の発現には同じメカニズムが働いているが、ヒトの方が身体が大きいので神経パルスの伝導に時間がかかる。指令が出て足が収縮するまでヒトでは三〇ミリ秒かかるが、サルでは一二ミリ秒で充分である。

図21はサルの運動野の足の領域の錐体細胞を染めたものである。典型的なニューロンの例である。実はこ

の細胞は私の研究上必要なので自分で染めたもので、細いガラス電極を刺入してその中に色素（過酸化水素酸素）を入れておいて、圧力をかけて色素をおし出して染めたものである。このニューロンが足の運動をするときには必ず前もって働いている。中央部分が細胞体で、神経パルスを発生させる場所があり、周囲にアンテナのようにのびているのは樹状突起で、この上に小さい棘《とげ》があって、そこに他のニューロンからの終末部がつく。この部分がシナプスとよばれている部分で、他のニューロンの神経パルスが到達するとシナプス電位が発生して、このニューロンが神経パルスを出すのである。

足を動かすときには必ずこのような運動野の錐体細胞が働いているのである。

われわれが立っているときに働く筋肉は、地上に働く重力に対抗して身体を維持しなければならないので抗重力筋とよばれている。四足の動物が立っておれるのは、抗重力筋が働いているからである。抗重力筋は手足をのばし、背中や首をのばすときに働いているので、伸筋といわれている。逆に手足をまげ、からだをまげる筋肉は屈筋といわれている。手足をのばしたり、まげたりするときには、屈筋と伸筋が同時に働くことは、力一杯仕事をするとき以外、普通にはなく、一方が働くときは他方が休み、交互に働いているのである。歩いたり、走ったりするときも屈筋と伸筋が交互に働いていて、足をのばして地上をけるときには下腿の伸筋と上腿の伸筋が働き、足を地上からあげるときは、下腿の屈筋と上腿の屈筋が働いている。

また、左右の屈筋と伸筋とは交互に働いており、左の筋がのびているときには右の筋はまがっている。じっと立っているときに働いているのは抗重力筋の伸筋だけで屈筋は働いていない。前進するときは、左右で交互に屈筋と伸筋が働いている。歩くときと走るときの大きな違いは、走っているときには両足とも地面につかない時間があるが、歩くときにはどちらかの足が必ず地面についている。足は移動するための器官で前進するためにあるので、屈筋よりも伸筋の方が筋力が強い。力を一様に入れても屈筋より伸筋の方で力が強い。下腿の伸筋で地上を思いきりけったら数メートルもとべるが、下腿屈筋は足を持ちあげる働きをするだけで、あくまで伸筋の補助で持ちあげるためである。

ネコやイヌのような下等動物は運動野がなくても歩き、走れるが、人間はそうはいかないのである。ネコやイヌの大脳を取り去って、いわゆる除脳動物をつくると感覚系が働かなくなって、目も見えず、音もきこえないが、立ったり、走ったりはできる。脳幹部には歩行の中枢があって、この部分を電気刺激するとネコやイヌは走り出し、刺激をやめると歩行は止まるのである。歩行のリズムをつくる中枢が脳幹にあるのである。ところが、人間の歩行では大脳が必要で、運動野が病気などで働かなくなると筋の収縮ができなくなり、走れなくなる。手の運動野が働かないと手が動かず、足の運動野が働かないと足が動かないのである。

また、運動野から筋の方へいく配線は生まれつききまっていて、ニューロンが支配する筋細胞の数もきまっている。このため、たくさんの筋を働かすためには、たくさんの運動野のニューロンを働かさねばならないのである。筋の収縮を早くしようとすれば、短時間に高い頻度の発射活動をしなければならない。歩くときと走るときとで比べると、働く筋の数は走るときの方が多くなるし、足を動かす繰り返しも多くなるので、運動野のニューロンは歩くときよりも、走るときの方でよけいに活動するのである。筋運動をすれば運動野のニューロンが必ず事前に働いており、筋運動の量が増えるほど、またスピードが早くなるほど、多数のニューロンが高い頻度でスパイク発射を出して働くことになる。ランニングが頭を使う作業であることを強調したのである。ランニング中に増えた酸素の一部は運動野や前頭前野ニューロンでも使われている。

運動野が働かないと走れないことは、人間が走るときには下等動物と違って、頭を使っているということで、まず「やる気」意欲があって、指令ニューロンが働いて運動野ニューロンを駆動しないと走れないということである。「走る」ことが健康によいといわれても、意志の力で走る気をおこさないと走れないし、走り続ける意欲をもち続けないと走り続けられないわけである。人間の歩行は自動的にプログラムが進行するような具合になってないのである。

運動野のニューロンは指令がきたときだけ働いている奴隷のようなものであるから、足を動かすときには必ず指令を出さなければならない。足を動かすときに必ず指令が必要だから、足を動かすという強い動機があって、毎回足を動かせという指令を送らない限り、ランニングはできないのである。一回スイッチを入れたら自動的にプログラムがすすむようには、脳はなっていないのである。だから、ランニングでは脳が普通よりも余分に働くのである。そのために酸素が必要なのである。

ランニングのような随意運動は反射運動と区別されるが、人間の神経系に備わった反射回路が随意運動をたすけるように働いているのである。膝頭をハンマーでたたくと膝がのびる。アキレス腱をたたくと足首ものびる。このような手続きは、医師が反射のテストによく利用しているので経験されたことがあるだろう。この反射は膝蓋腱反射とかアキレス腱反射とかよばれる反射で、筋が伸張されるとその筋が引っ張り返す反射である。走ったり、歩いたりするときにも、この反射が働いている。たとえば、足の運動野のニューロンが働いて下腿三頭筋が収縮するとき、つま先が地面につくと下腿三頭筋が引っ張られる伸張反射が働き出し、足底全体を地面につけるときに有効に働いている。からだの中の多数の反射回路が働かないと、歩行はできないようになっているのである。足が使えるようにするには、反射回路がよく働くようにしなければならない。

走り続けることは同じ運動の繰り返しで、そのたびに運動出力系が働くわけであるが、同時に運動系以外に、神経系の変化がおこり、交感神経緊張状態がつくられる。ランニングを始めると、ほとんど同時に、交感神経系が足の交互の随意運動をたすけるために働き出すのである。

走っていると副腎からエピネフリンが血液に分泌され、交感神経活動をたかめ、血管が収縮し血圧があがり、心拍数も増える。運動によって生産された乳酸や炭酸ガスが延髄の呼吸中枢を刺激して呼吸を促進する。酸素供給が追いつかないと酸素負債がしだいに増大する。筋に熱が発生するから体温が上昇する。血液の温度が上昇し、体温調節中枢が刺激されて発汗が始まる。つまり、交感神経の緊張状態が走っている間中続くのである。

交感神経緊張状態とはストレスがからだに加えられるとおこる反応で、セリエはこの反応を汎適応症候群と名づけている。動物に外傷、大きな気温の変化、精神的苦痛がおこったときに生体は共通の反応をするというので、セリエがそう名づけたのである。

これは、いわば複合の刺激であって、このとき生体におこる生体機能の変化がストレス状態なのである。生活にいろいろな外力が働くときにおこる非特異的な全身的な反応が汎適応症候群で視床下部の興奮をひきおこし、交感神経緊張状態をつくる。下垂体ホルモンのＡＣＴＨ（副腎皮質刺激ホルモン）を分泌させ、その結果、副腎皮質ホルモンを分泌する。ストレスの原因をストレッサーとセリエはよんでおり、寒冷、暑熱、放射線、外傷、筋運動や酸素不足、薬物、飢餓、感染など化学的要因や細胞学的要因もあり、怒り、不安、焦躁などの精神的要因でおこることもある。ストレッサーが働いてストレスを生じる物質が何であるかは不明であるが、この中間物質が交感神経系に働いてエピネフリンを分泌させ、下垂体のＡＣＴＨを分泌する。ＡＣＴＨは、糖質ステロイドホルモンを分泌させ、昇圧作用、血糖上昇作用があって、ストレスをもとにもどす作用がおこるのである。

ランニングはストレスを積極的につくっているのだといえる。その結果、他の刺激によるストレスに対応しやすいように生体が変化するのである。だからランニングをすれば、新しいストレスにうまく適応できるように、肉体的にも精神的にもなるのである。ランニングでストレスをつくり、それを続けていると、なぜ陶酔状態になるのだろうか。全く不明といわねばならない。

単調な繰り返し刺激は、意識レベルを低下させ睡眠を誘発させることはよく知られている。一ヘルツから一〇ヘルツくらいの頻度で刺激が与えられるとよい。子守り歌のリズムは単調で繰り返しが多いのはこのためで、子供を歌に合わせてゆするとよい。脳には、このような刺激が積極的に睡眠をおこす抑制のメカニズムが備わっているのである。ランニングのときの足で地面をける刺激は、一方ではストレスとなって交感神経系を賦活するが、他方では睡眠にはならない程度の軽い意識レベルの軽い低下をおこしている。その結果、意識の低下のある特殊な状態になって陶酔状態をつくっているのであろう。

ランニング直後の爽快感がなぜおこるかは充分説明できない。モルヒネのような動きをする物質が、走ることで脳内で生産されて、モルヒネに感受性のあるニューロンに働いて爽快感ができるのではないかという仮説がある。そのような物質として候補にあがっているのはエンドルフィンという五つのアミノ酸が結合してできたペプチドで、モルヒネのような鎮痛効果と陶酔作用をおこす（ヒューズら、一九七五）。エンドルフィンは、腸管や脳内にひろく分布し、脳内で重要な働きをしている物質である。ランニングをすると、脳内でエンドルフィンが増えるのではないかと予想してしらべている人があるが、まだ確かめられてはいない。この説が確からしいと私には思われる。ランナーは、痛みを苦痛と思わない人が多いことがあるからである。

あるとき、むし歯のまわりに炎症がおこって痛んだことがある。歯科医へ行く前にためしに走ってみたところ、走っている間だけ歯痛を感じなかったのである。走るとエンドルフィンが脳内でできて、モルヒネ用受容器のある痛覚系のニューロンに働いて痛みを感じなかったと考えればランニングの鎮痛効果は説明できる。筋肉をはげしく使ったあとの筋肉痛も走ると感じないが、同じようなメカニズムでおこっているのかもしれない。

ランニングの心理効果、神経系が与える効果については、科学的裏付けは充分ではなくても好ましい影響のあることは確かである。研究は研究者にまかせておいて、一般の人は走ってそれを求めたらよい。

ランニングと瞑想

走りながら考え、考えながら走る。難問の解決法を考え出すために走るのもよいが、瞑想しながら走るのもよいものだ。辞書をひくと、瞑想とは「目を閉じて静かに考えること、現実の環境を忘れて想像をめぐらすこと」とある。禅宗の瞑想は坐禅といわれ、結跏趺座《けっかふざ》の座り方をして右手の掌を側へ向け、左手を仰向けに重ね、臍下丹田に気力を入れ、息をととのえ、心をととのえ、無念無想になって精神を集中して行う。瞑想の功徳はいろいろと説かれているが、その実例として瞑想によって悟りを完成して仏陀になられた釈尊の体験がよく例に出される。

「釈尊はつねに努力精進し、その想いは確立して少しも乱れず、体は安楽で動揺せず心は禅定に入って静かである。その和があるとき、瞑想に入ってしだいに禅定が深まり、心は思い浮ぶなにものもなくなり、喜びや楽しみだけとなり、そして遂にはそれもなくなってただ清浄な想いだけとなった。その時わたしの心は、一点のけがれもなく、清く明るく、絶対不動であった。そしてわたしの心の眼はおのずから前世の光景に向けられていった。そして無限の生涯の生きかわり、死にかわりした光景が展開してきた。それからわたしの心はあらゆる衆生のすがたに向けられて来た。わたしは超人的な眼力でそのすがたを見た。そこには宿業が渦巻いていた。それからわたしはあらゆる存在の相から解放され、それに執着することはなかった」（中阿含経より）（桐山靖雄『瞑想入門』講談社、二ページ）。

この体験には瞑想のすべてがあるといわれるほどだが、このような精神状態は走っても得られたに違いない。釈尊は、皇太子の地位を去って出家し、六年間あらゆる修行のあとでこの境地に達したのであるが、もし走る修行をしていたら何年で悟りの境地に達したであろうか。坐禅のことはよく知らないけれども、三〇分—一時間走るだけで喜びやたのしみの境地になるのは、持久力さえつけばだれでもできることだ。瞑想しながら走るのは走禅と名づけたらよい。

走るときの単調な足ぶみは脳の意識を低下させるように働くので、じっと座っているよりも容易に悟りの状態になれる。

事実、いく人か走る禅僧がランニングのあとの陶酔状態と瞑想の極地の状態と似ていることを告白している（リリフォーズ、一九七八）。

図22に示した脳波は、瞑想中に記録したものである。頭頂葉や前頭葉から記録した脳波に θ（シータ）波が出ている。瞑想中に音刺激を与えても数秒で、またもとの θ 波にもどっている。この音がしたときに目ざめてまばたきをしているが、すぐに θ 波の状態になることは普通の人にはできないし、初心者の坐禅のときにもみられない。走禅のときにも同じような脳波がみられるのではないだろうか。(B)は普通の人の前頭部から記録した脳波であるが、いろいろな意識レベルのものを示している。上がはっきりと目ざめた

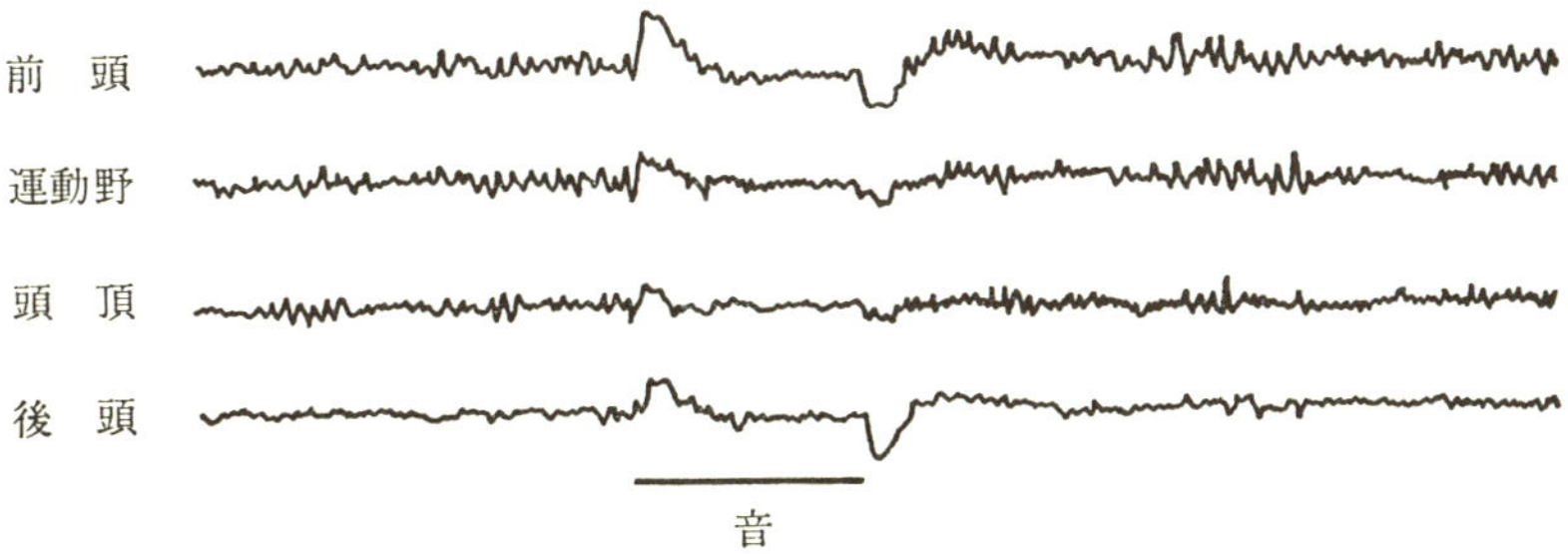

(A) 禅僧の瞑想中の脳波，θ波が出ている (平井，1980)

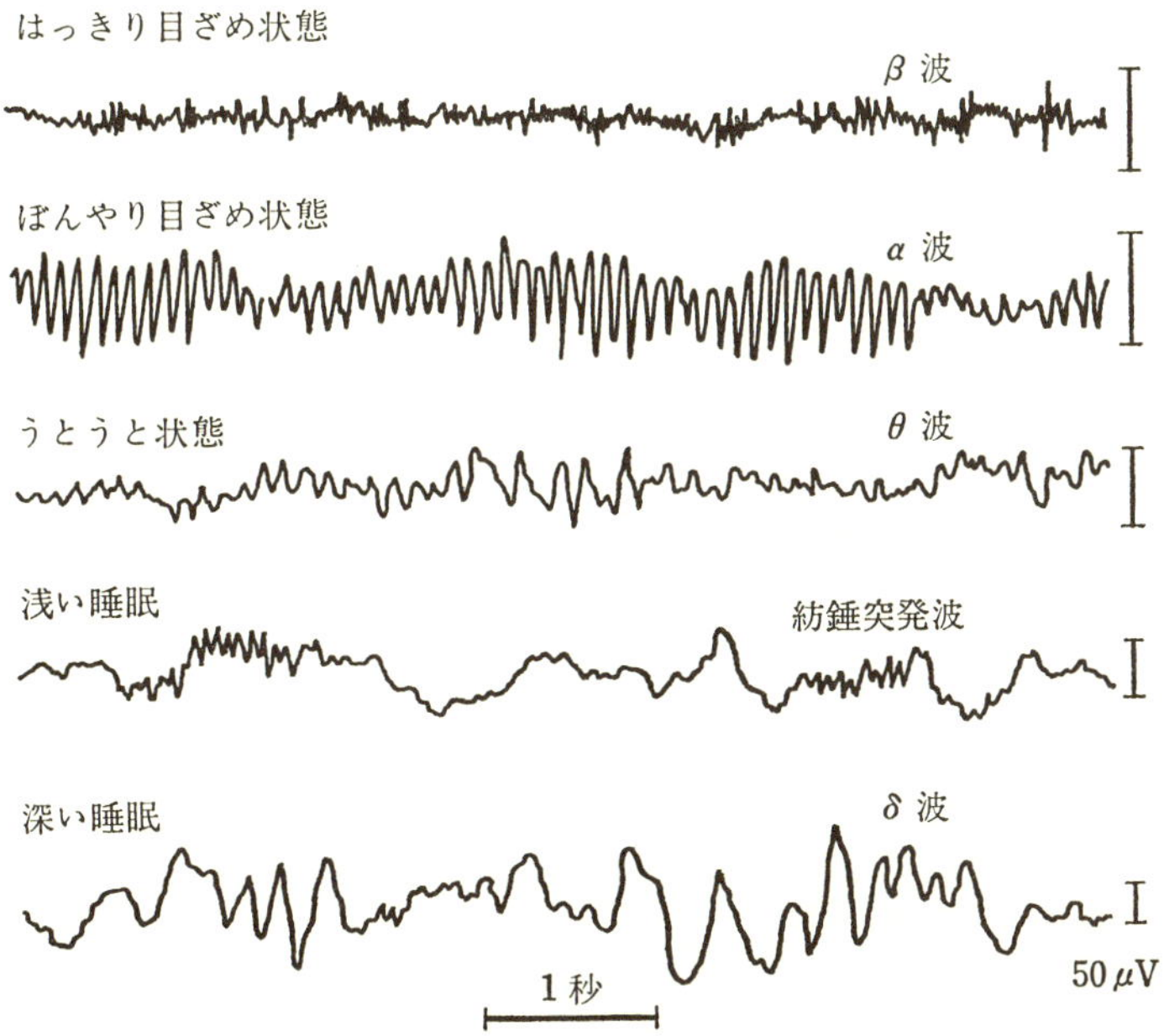

(B) ヒトの意識レベルと脳

図 22

状態で、下方のものほど眠りが深い状態である。(A)のθ波はぼんやり目ざめた状態のときに出るもので、α（アルファ）波の出ている意識状態と、うとうと状態で∂（デルタ）波の出ている意識状態の中間の意識状態である。

こころの安定を求めて走ることは、瞑想にふけることと神経系に似たような効果を与えてくれるような気がしてならない。

第七章　ランニングと性格

体型と性格とが関係あるとは、昔からいわれてきたことである。クレッチマーやシェルドンの分類法がよく知られている。

クレッチマーはすべての人の体型を、肥満型、細長（無力）型、闘士（筋骨）型の三群に分類し、性格を循環気質、分裂気質、闘士型のねばりのある気質に分類した。肥満型は中ぐらいの身長でずんぐりしており、細長型はやせてひょろ長で、闘士型は身長は高く、肩帽がひろい。

シェルダンも体型に三成分のあることを認め、内胚葉型、中胚葉型、外胚葉型に分けた。

内胚葉型は、肥満型に相当し、丸くて肥満体で、大きな内臓をもっていて、温順で、社交的である。中胚葉型は、筋と骨が優勢で心臓が大きく、冒険的、積極的である。外胚葉型は、細長型に相当し、細長く、胸が狭いが脳が大きい。自己抑制が強く、無口で、内向的で、知的であり、大脳緊張型である。

体型や性格に遺伝と環境がどのようにからむかまだ明らかでないが、多くのランナーは、やせ型で孤独を好む傾向がある。ランナーの体型は走ることと関係があるわけで、このことが性格と関係あるのだろうか。性格とは個人がもつ、好んでものごとを行う傾向のことである。アイゼンクによれば、典型的に外向的な人と内向的な人の人間像はつぎのようである。

典型的な外向的な人は、社交的で会合やパーティを好み、友だちが多く、話し相手を求め、ひとりで読書したり仕事したりすることを好まない。刺激を求め、物見高く、もののはずみで行動しやすい衝動的な人である。いたずら好きで、一般に変化を好み、気苦労がなく楽天的である。攻撃的で腹を立て、常に信用できる人とは限らない。

他方、典型的な内向型の人は、物静かな内気な人で、内省的で、人と接触するよりは本を読む方を好むし、親しい友だちと対するときは別として大体において無口で、よそよそしい。実行する前にあらかじめ計画をたて、非常に慎重である。日常生活の諸問題をまじめにとりあげ、秩序立った生活様式を好む。攻撃的な行動はほとんど示さず、たやすく腹を立てることはなく、信用できるが、いくぶん悲観的で、倫理的基準に大きな価値をおく。もちろん現実の世界には、このように極端な人はまれで、多くの人はこの両極端の中間にある。

ランニングをするようになったからといって、性格が急変するものではないが、自分の性向をふり返ってみて、確かに変わったなあと思う。人とつき合うことを好まなくなったり、それよりも時間があれば走りたいと思うようになった。また、パーティや会合にも出席しなくてすむのならやめたい。パーティで毒にも薬にもならない話をして騒ぐのがいやになったのである。バーやキャバレーのようなところへ出入りするのもおっくうになった。人の集まるにぎやかなところへひとりで出かけるということは、ランニングを始めてからはなくなった。

ランニングを始めて半年たって、アメリカへ出張、一カ月ほどロスアンジェルスのカリフォルニア大学の友人の研究室に滞在した（ＵＣＬＡの脳研究所）。それまでの外国旅行のときは、久しぶりに会った友人の研究室を訪れたり、家庭に招かれたり、また招いたりして過ごすのが、外国へ出張したときのたのしみでもあった。彼らの研究を知り、家庭を知り、悩みを知る。そんなことをしながら暮しているので、一カ月くらいの滞在はすぐにすんでしまい、日本での研究生活のストレス解消に役立っていた。今度の旅行はそんな研究者外交には興味がなくなったのである。

幸い、やせたので、昔からの知人とすれ違っても、気づかれないことが多かった。これで友人にだいぶ失礼をした。「ぜひ来てくれ」という頼みも大部分断った。夜の時間は走っているか、本を読むか、テレビニュースをみるか、新聞を読むかで、これだけで一日が終ってしまった。一カ月の間に読んだ英語の本が約三〇冊、それも大部分がランニングの本だった。アメリカでランニングがブームだということが実感された。書店へ数日おきにいくのである。いつも初めて見かけるランニングの本があった。それを片端から読んだのである。こんなことはかつて、私の生活にはなかったことである。このころの私はランニングへの興味が異常にたかまっていたことも一因だが、ひとり静かに暮すのが常になったのは、私の思うのにランニングの影響だといえる。アイゼンクの外向的性格から内向的性格へ大転換したような印象である。

このときに読んだ本に同じような体験を述べているのがある。前にもあげたシェーハン博士だ。博士はおしゃれで、いつも流行を追って衣服を新調し、にぎやかなところへ出かけることが好きだった。しかし、ランニングをするようになってからは、ひとりでいることが好きになり、学会へ出かけてもホテルで泊っても、夜は部屋へこもって本を読んで過ごし、バーなどへは出かけなくなったそうだ（『走る、シェーハン博士』より）。また、個人の持ちものを買う興味もなくなったそうだ。私もその傾向が出てきたように思う。服など着ているものだけあったらよいので、全然買う気がなくなったし、日常雑貨品は必要に

表 11 長距離ランナーの性格（1）（コストラバラ，1977）
Aはマラソンランナー100人，Bは3時間マラソンランナー50人の調査。

	A	B
外向的	54	16
内向的	46	34
感覚的	54	28
直観的	46	22
思考的	58	27
感性的	42	23
判断的	56	35
知覚的	44	15

せまられて買うだけになった。昔は外国旅行をすると装身具その他のおみやげを好んで買ったものだったが、旅行に出かけても、ウィンドウ・ショッピングもしなくなった。今回もランニング用の靴やシャツ、パンツを一着ずつ求めただけであった。これも自分の好みが変わったためと思えるが、ランニングで変わったと自信をもっていえることではない。

また、最近の私はむやみに腹を立てることもなくなった。昔は自分のまわりに大事件が発生するとカッとなることがあったが、最近は「他人は他人」とひややかにみておられるようになった。このことは、自分の精神の安定には非常に役立っていると思う。

ランニングのあと性格の変化が自分だけでなく他の人にもおこっていそうだという印象が強いのであるが、従来そんなことを研究した人はいなかった。しかし非常に不充分ながら、そのような研究、ランナーの性格の研究が始まりつつある。

そのなかのわずかの例を紹介したい。

コストラバラら（一九七七）は、正規のマラソンを少なくとも一回経験したランナーの性格をアンケート調査でしらべ、彼らが内向的であるというデータを得ている。用いたテストはアメリカの一部では性格テストに使われているマイヤー・ブリッガステストというもので、このテストでつぎのような性格の傾向をしらべている。「外向的か内向的か」、「感覚的か直観的か」、「思考的か感性的か」、「判断的か、知覚的

表 12　長距離ランナーの性格（2）
数字は人数で表 11 A と同じ，カッコ内は表 11 B と同じデータ。

		感覚的		直観的	
		思考	感性	思考	感性
内向的	判断	16(13)	7(8)	5(5)	4(2)
	知覚	7(0)	4(1)	2(3)	9(2)
外向的	知覚	3(0)	3(1)	9(2)	7(6)
	判断	11(3)	3(2)	5(1)	5(1)

か」を一七―一八項目しらべるのである。

この場合、外向的というのは興味と注意が外の世界、人、行動に向かうもので、内向的というのは興味や考えが思考の内の世界へ向くもののことである。感覚的というのは直接の感覚器官を通じて現実に目を向ける傾向、直観的というのは、意識下で経験の可能性、意味、関係へ目を向ける傾向で、事実そのものには目をあまり向けない。判断をするときも、思考的と感性的とがある。思考的というのは意思決定を合理的にやり、客観的にやることを好む傾向、事実を個人感情をまじえないで分析し、因果関係をはっきりし、論理的に筋を通そうとする傾向のことである。感性的というのは、自己や他人を中心とする価値体系で意思決定をするような傾向、人と一緒に働いたり、人を研究することを好む。判断的というのは、計画的で、秩序だてて人生をコントロールすることを好む傾向、知覚的とは、柔軟な自発的な人生を好み、人生を理解し、それに適応しようとする傾向である。

テストされたのは、アメリカ西海岸南部に住む一〇〇人（男八三、女一七人）のランナーで、平均年齢三三歳、平均五年走っている人たちである。テストの結果を表11Aに示してある。これらの性格でとくに多いというようなものはなかったが、外向的と内向的の比、感覚的と直観的の比がほぼ一対一であるが、普通の人の集団でしらべると、これが三対一なので、長距離ランナーには圧倒的に内向的、直観的の性格の人が多いということになる。表12に型の分布を示したが、感覚・思考的、内向・判断的の型の人が圧倒的に多く、直感・思考・知覚・内向型が一番少なかった。このランナーたちの走る経験は一年から二七年までいろいろであった。この調査でランナーには内向的な性格の人が比較的多いといえる。

マラソンを走った程度の人たちの調査では、さほど顕著な差ではなかったので、コストラバラは、別に七五人の三時間マラソンを常習としている人たちに同じマイヤー・ブリッガステストを行ってしらべた。表11Bがその結果である。外向型は一六人であるのに内向型は三四人で、一対二の比率で普通人やマラソンランナーのグループと大きな違いとなる。また判断型の性格の人が多くなることがわかる。この人たちは二・二〇―二・五〇分でマラソンが完走でき、週に六日間、六〇―二一〇キロメートル走っている人たちで、平均年齢は三二歳で平均九年の経験がある。また、内向型と外向型の人で走っている年数を比べたら、内向型の人が長い年月走っていた。

この二つのデータで、マラソンランナーの性格は普通人と比較すると、たいへん違っていることがわかる。マラソンランナーの内向的性格が訓練の結果得られた心理学的効果かどうかはわからない。そういう性格の人が走るようになったのかもしれない。性格分類で一番多い内向・判断的、感覚・思考的な人とは、苦労をものともせず、系統的で、がんばりやで、細部にわたって、我慢強い、何をやるにもねばり強い。衝動的にものをやらない。一度はじめたらなかなかやめない。経験で間違っていることが確信がもてるまでは中断しないといった傾向がある。

この結果は、一般にマラソンランナーの性格についてだれもがもつ印象と合っているように思われる。モーガンとポロック（一九七八）は、世界的なエリートランナー一九人と大学生の中距離ランナー八人

（世界的な人たちではない）の合計二七人で心理調査を行った。世界的ランナーは中長距離ランナー一一人とマラソンランナー八人に分けられる。これらのグループで不安状態、体知覚状態、緊張、抑圧、熱意、疲労、混乱、外向性、神経質性、運動に対する態度、自己尊重性、協調性（コンフォミティ）を比べたところ、互いの間で違いはなかったので、世界チャンピオンクラスのボート選手、レスラー、普通の大学生で検査値（スコア）を比べてみた。ランナーはレスラーやボート選手と差はなく、普通の大学生に比べて緊張、抑圧、疲労、混乱では値が低く、活力（vigor）では普通より値が大であった。外向性については、どのグループでも違いのなかったことは注目すべきである。この点、先の報告と違うが、不安抑欝状態が少ないことは先のデータと合っている。

この人たちが走る理由はいろいろで、

一　他人の走っているのをみたから

二　親の影響

三　身体の恰好がほかのスポーツに適さなかったため

四　ほかのスポーツ（バスケット）をやるときのからだをきたえるため

五　学校の体育でランニング競技をやったらうまくいったため

などである。長く走り続けるのには、賞をもらうこととか、世界中を旅行できるとかの理由があるが、ほかにランニングの喜びとか調子のよいといったことも理由になっている。ランナーのだれもが、競技に参加しなくても、一生涯走り続けるつもりであると報告している。

また、ランナーは、走っているときはからだからの感じや感覚に注意し、時間やペースも、自分のからだから感じとり、だれかをマークして、一緒に走るのをきらい、気楽に走る傾向も認められた。このラン

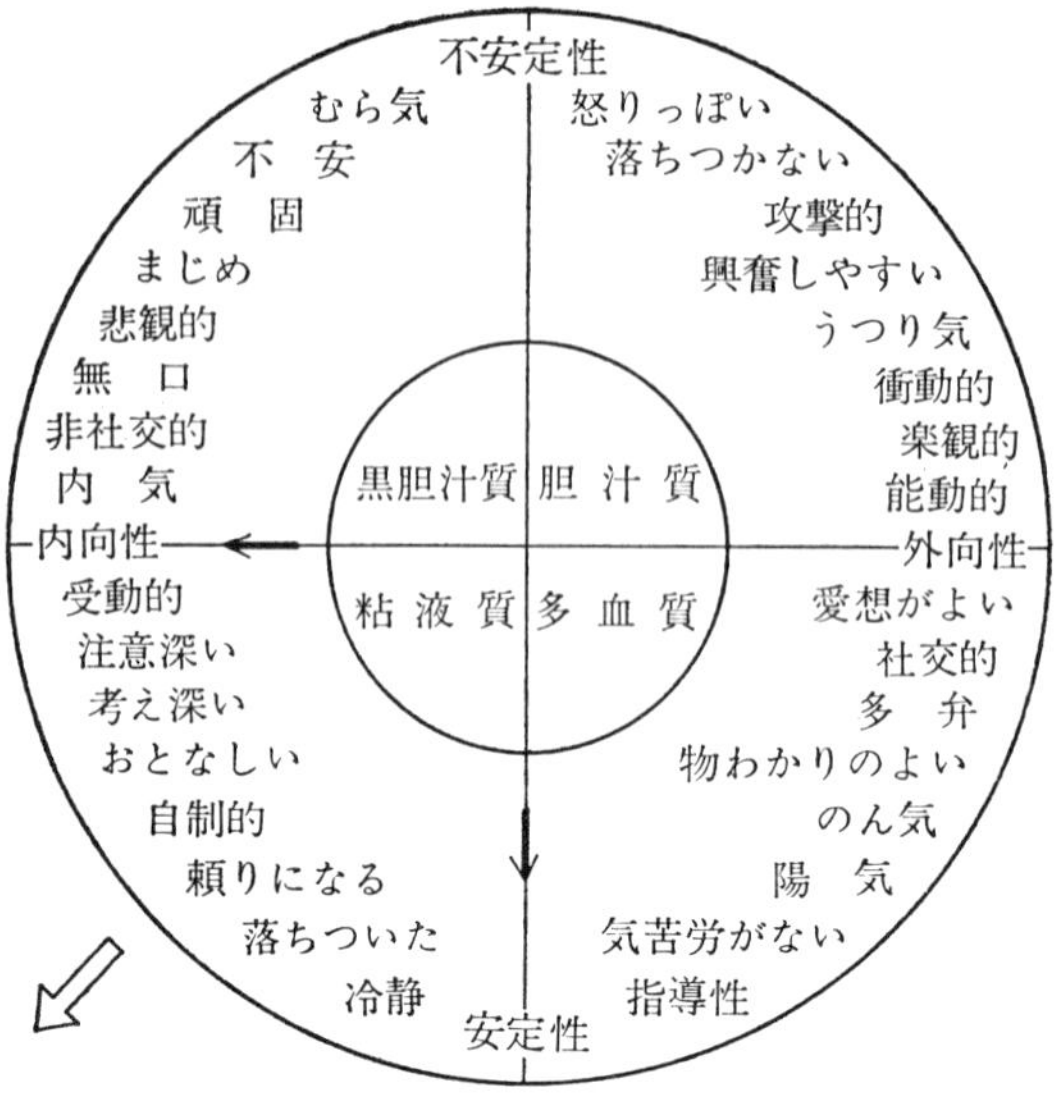

図 23 ランニングによる性格でおこりそうな変化
図はアイゼンクが自分の性格理論をまとめたもの。

ナーたちはすべて毎日約二時間半、ランニングをしており、一週間平均一六〇キロメートル走っている。毎日走る理由は「気分がよいから」といっている。

八人のうち六人は過去にタバコをすったことがあり、すい始めは一〇―一二歳のころ、一人だけが喫煙の習慣がなかった。しかし、現在ではだれもランニングのためにすわなくなっている。六人はアルコールを飲まない。一人が一日に三〇ミリリットル、もう一人が一〇〇ミリリットルと三人がワイン（平均グラス）を飲んだ。ほかの七人はビールを週に一〇本飲んでいる。

八人のうち四人はコーヒーも紅茶も飲まない。睡眠時間は平均七時間四五分で、六―九時間の間であった。エリートランナーの生活スタイルの共通点は、走ること、睡眠時間がやや短いこと、アスピリンを飲まないこと、タバコをすわぬことである。コーヒー、紅茶、アルコールについては個人差が大きかった。

これらのランナーの体重は六〇キロ台で、体脂肪は五―六パーセント、最大酸素摂取量は六八―七八ミリリットル／キログラムで最大心拍数は一九〇／分となる。エリートマラソンランナーは心拍数、酸素消費量など、少ないエネルギーコストで走り続けられることがわかる。

この結果は、長距離ランナーはほかのスポーツの競技者と似ていて、情緒的には普通人よりも優れていること、内向性、外向性では普通の人と差がついておらず、積極的な性向は走ったための結果と考えられる。

なんの報酬がなくなっても走ることをやめるランナーはいないのである。なれないランナーは痛みをさけようとするが、エリートランナーは積極的にとり入れ苦痛を感じない。生理機能が優れているからであろう。

私は一年前は肥満体であったが、今はだれもがやせ型だとみてくれる。体型だけですべての性格がきまっているわけではないのだから、ランニングと性格とは関係ありそうで、もっとしっかりとした調査がほしい。

最後に、ランニングでおこるとおもわれる性格変化を図23で示す。大まかにいって内向的になり精神の安定が得られるということである。図の矢印の方向の変化が走り続けるとおこるらしい。もちろん「らしい」というだけで、今後の研究課題である。

第八章　ランニングの弊害

運動を毎日やっている人が、その運動をやめると、どんな身体的変化がおこるだろうか。そういう実験をやることは難しい。被験者を集めるのが難しいのである。運動常習者はどんなにお金を払うからといっても一ヵ月も運動をやめてくれないのである。ビークランドがそのような実験を思いたったのだが、毎日運動している人は被験者に応募してくれず、週三日運動をしている学生しか集まってこなかった。

彼は一ヵ月間運動を休ませて睡眠時の脳波をしらべてみた（一九七〇）。強制的に運動をやめさせ（運動奪取）、一週間おきに睡眠中の脳波をしらべたところ、一ヵ月たっても、目ざめている時間が延長しており、眠りに入るまでの時間が長くなっている。脳波は徐波の出る脳の睡眠の時間が長くなる。寝返りのような睡眠中の体動が増え、夢をみている逆説睡眠の回数と時間が減ってくる。つまり、運動をしないとよく眠れないのである。睡眠の時間が減って、眠りが浅くなってくる。食欲が減るという訴えが多くなり、夜、目ざめる回数が増えた。性的な欲求もたかまり、しきりと他人と過ごしたくなってくる。

私がランニングを始めて、まるまる三日間走らなかったことはない。努力して走っているわけではない。一日中机の前に座っていようものならイライラしてきて、落ちつきがなくなって、肩のあたりが固くなってくる。ひと走りして帰ってくると、このようなイライラはとれて気分よく仕事にかかれる。このような症状は中毒といってよいだろう。

薬の中毒というのは、アヘンの中毒のように、アヘンを使わないと禁断症状（吐き気、発汗など）が出てきて、アヘンを使うと症状がなくなって酔ったような気分の状態になる。こうなったときが麻薬中毒だ。アルコール中毒も似たようなもので、酒を飲まないとイライラする。酒を飲むと気分がよくなり、ふるえも止まる。ランニングも似たようなもので、薬の場合はからだにも社会的にもよくないことが多いが、ランニングにはそのようなものがない。だから、ランニング中毒は積極的中毒で、薬物の中毒は消極的中毒だといった人があるくらいである（グレーザー、一九七七）。まだ学問的に立証されて使われている言葉ではないが、ランニングの中枢効果をよく現している。

ランニングを中断した場合の神経症状が、どのようなメカニズムでおこるのか、充分な説明はできない。どの程度走るとやめられなくなるのかも調査はない。三―四カ月走り続けると、やめられなくなる傾向が出てくるものと私は経験的に考えている。人々が走る理由としては、健康になるために走るとか、風邪をひかないためにとか、減った体重がもとにもどらないために走るとか、いろいろな理由づけができるが、脳は走ることで正常に機能するようになってしまっているのだ。なぜそうなるのか、おおいに研究してもらいたいものだ。

走り続けると、走ることを忘れることができなくなるらしいということは、人間は何とすばらしいものだろうとあらためて感心させられる。人間は走る機械だ。原始人の生活をみるとこのことが実感される。アフリカのカラハリ砂漠で原始的な狩猟採集生活をしているブッシュマンは実によく走る。大きな動物の餌を求めて数日間にわたって、数百キロメートルの行軍を平気でする。彼らは一日に一〇〇キロメートルは走れる。昔の人類は現代のブッシュマンと似た生活をしていたに違いない。数百万年前に現れたアフリカ猿人も骨盤や下肢の骨からみると、直立二足走行していたとおもわれる。数百万年もの間、人間は歩き、走ることで生活を維持してきたのである。

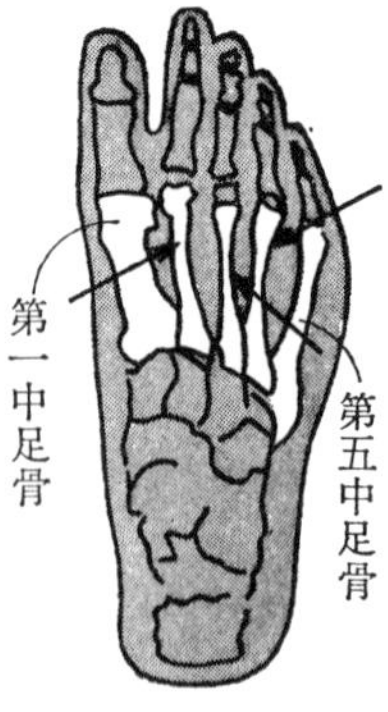

図 24　足の使いすぎで痛みがあるときに障害のみられる中足骨の場所（矢印）

ランニングは足を交互に前方に出して行う単純繰り返し運動である。歩幅は七〇—一二〇センチくらいであるから一キロメートルを走ると一〇〇〇回以上も大地をけることになる。だから、ランニング常習者ではどうしても伸筋の力が強くなって屈筋の力が弱くなってきて、筋運動に差しつかえが出てくる。ランナーの伸筋の付け根の腱が固くなってくると筋の長さが短くなってくるので、これを防ぐ必要がある。準備体操のときに屈筋も力を入れるように、重いものを足のつま先にぶら下げて足を背屈するのもよい。使いすぎでかえって不自由になるのも困りものだ。

下肢に使いすぎの症状が出るときは、構造に問題があり、つぎの三つのどれかがおこっている（シェーハン）。

一　生機学（バイオメカニックス）的にいって、弱い足である場合、たとえば、足のおや指が短くて、ひとさし指が長いと、地面をけるときに短い第一中足骨に力が強くかかるので足の痛みがおこってくる。足を内側にまげて回内位をとったときに異常になる。足の使いすぎで多いのは中足骨に力がかかりすぎて、中足骨の骨折や磨滅がおこって痛みがくることである。図24で痛みのよくおこる場所を示す。

二　左右の足の長さの違う場合、ふつう短い足の側の腰痛や上腿の痛みをおこす。

三　腰仙部の異常。

このような状態でランニングをすると、筋力／柔軟さのアンバランスがおこり、伸筋が強く発達してかたくなって、柔軟でなくなり、屈筋が相対的に弱くなる。極端になると、強い筋肉が短くなって、弱い筋の筋腹が引っ張られる。強い方の筋は、骨の付け根の腱のところで一番かたくなり、引っ張るようになる。屈伸筋のアンバランスは、足の回内転位をおこしてくる。腰が前かがみになり、腰痛や坐骨神経に痛みがおこってくる。もしも悪い靴をはいていると、回内傾向をうまく処理してくれず回内を強調するの

表 13　ランニング常習者の障害のおこる場所（%）
（シェーハン，1977）

膝	23.2
前脛骨	14.6
アキレス腱	12.4
足	8.3
腰	7.9
上腿	7.5
ふくらはぎ	7.0
踵	7.0
くるぶし	6.7
足底	4.2
そけい部	2.2

1,000人の回答者のうち60%に慢性障害がある。

表 14　ランナーの慢性障害の分布（%）
（シェーハン，1977）

年齢	19 歳以下	72
	40 歳以上	57
性	男性	90
	女性	60
走行距離	80 km/週 以上	73
	40 km/週 以上	34
ランニング経験年数	5年以下	63
	5－9年	52
	9年以上	56
競技	経験あり	65
	経験なし	27

で、走るとこの回内が強まり、症状が出てくる。これを矯正しようとして、薄板を靴底におくと矯正しすぎてさらに強まるのである。表13は『ランナーズ・ワールド』というアメリカの雑誌が、足に障害のある人たちにアンケート調査をして一〇〇〇人の回答を集めた、その障害場所の分布である。膝の障害が一番多く、ついで前脛骨部、アキレス腱部である。表14が、この人たちの年齢、性別、走る距離の違いである。年長者で、週に四〇キロメートル、長年走っているランナーではかなりの障害をもちつつも走っていることがわかる。

使いすぎの症状はほかのからだの場所にもあるはずである。ランナーの消化系によくおこる症状は、腹痛、下痢などで、これらはランニングのときの血流が少なくなっておこるのだろう。

この使いすぎを防ぐには、ランニングをほどほどにするしかない。それに無理をして走らないことである。足に痛みがあれば、走る距離をのばさない。原因をさがすことである。生機学的な異常は単純な機械的なことだから、注意深くみれば単純原因が必ずみつかる。原因をみつけて治療すれば必ずなおるものである。おや指の短い場合の障害は、足底の弓状部（土ふまず）をもちあげるようなゴム板をはさむだけで簡単に解決する。整形外科医は骨の病気の専門家であるが、走りすぎの症状については医学校で習ったことはないだろうから、必ずしも適切な治療をしてくれるとは限らないだろう。よい相談相手をさがすことである。筋力と柔軟さのアンバランスは屈筋をきたえるしかない。準備体操はそのためにも必要である。足の背屈、上腿の屈曲を繰り返し、また腹筋を使うようにしなければならない。

ランナーでからだの障害があってもランニングをやめる人は少ない。走ることが可能である限りは走っている人が多い。これもランナーにみられる性格の一つの反映で、苦痛を積極的なことと結びつける傾向の現れであろう。

走っているときに痛みや障害がおこれば、つぎのような質問を自分にしてみるとよい。

一　靴を新しくしただろうか

二　古い靴を全く使えなくなるまで、使い古しただろうか

三　走る距離を増やしすぎてはいないか

四　走る場所が変わって、坂道が多くなっていないだろうか

五　訓練方法を最近変えてないだろうか

六　走るスピードが早すぎないだろうか

七　競争用の靴で走っていないだろうか

八　トラックで走っていないだろうか

九　準備体操がたりないのでないだろうか

これだけ自問自答すれば、たいてい原因がわかる。靴を変えたり、準備体操を変えたり、足底に副木を入れたりするだけで解決できる。できなければ、ランナー医者に相談するがよい。

第九章　犬山マラソン

ある程度の距離を走り続けられるようになると、たまには競技大会に出てみたくもなる。たのしみのために走っていても、単純なリズムをこわしてみたくなる。ほかのランナーの走り方、服装もみたい。いつの日かボストンマラソンに参加し、心臓破りの丘（ハートブレーク・ヒル）を走り抜けたいという夢をもって走るのもたのしいものだ。ホノルルマラソンにも参加したい、ホノルルマラソンでは走る時間の競争は問題ではなく、たのしく走れるようにお膳立てができている。

最近の青梅マラソンは数万人の参加者があふれ、ランニングの隆盛をみせつけてくれる。第一七回青梅マラソンが開かれる同じ日、昭和五五年二月一七日に、私の住む犬山で、マラソン大会が開かれるというニュースを、私の研究室の友人が教えてくれた。一〇キロコースがあるというので、話の種ということで参加を決意した。すでに二〇キロメートル休みなく走れるので一〇キロマラソンで途中で落伍することはあるまいと思った。

当日まで特別な準備もしないで、普段、走っているのと同じ服装で出かけた。主催者は読売新聞社と報知新聞社である。走るコースはすべて木曾川国定公園内にある。出発点は犬山城のふもとにある旅館の前で、木曾川左岸を上流に向かい東海自然歩道を約二キロメートル走る。途中から尾張パークウェイという新しい有料道路にそって走る。約五・六キロメートルの地点で折り返し、犬山モンキーパークの横を通って、交通安全の祈願で知られる成田別院の前がゴールだ。犬山城、木曾川、愛岐丘陵を見ながら山の中のハイウェイを走るのは気持のよいもので、私の好きなランニングコースでもあり、ランナーとしてよく利用している道だ。

マラソン大会当日、スタート直前に集合場所へ行くと、いる、いる、約一〇〇〇人の人たちが集まっている。スタート一時間前から狭い城下町の道を走っている人、準備体操をしている人、犬山でもこんなにランニングのために人が集まるようになったかと改めて感心したりする。集合場の前では楽隊が景気づけの楽器演奏をしていた。特別参加の有名マラソンランナーの指導で準備体操をやるが、ラジオ体操のようなもので、ランニングの準備には適していなかった。

年齢別に走るのであるが、大多数の参加者はファイト満々、勝とうとする意気込みが感じられた。スタートラインで足踏みしたり、まわりを助走したりしている中を年齢別の一団が一〇分おきに走っていく。私は壮年（四〇歳代）のグループに加わった。約二〇〇人がスタートラインにつく。

ピストルが鳴ると、とび出し、先頭に出るグループはもう夢中で、しゃにむに走っていく。私はいつものペースでゆっくりと走り、六—八分で、セカンド・ウィンドに達するように、少しずつスピードをあげ自己のペースを守る。みるみる抜かれて行く。一〇分も走ると四〇歳代グループのビリの集団の中にいる。二〇分も走ると一〇分おくれでスタートした青年の部の人たちが追い抜いていく。競争社会で育ち、受験戦争その他をくぐり抜けた人たちにとっては、負けるのは苦痛らしい。無理して走る人が多いのは感心しない。だから日本ではランニングの事故が多いのである。三〇分も走るとスピードの落ちる人が増え始める。少しずつ私の方が追い抜き出した。途中で救急者用の車が知り合いの医師づきで待っている。これは緊急事故にそなえてのことで、主催者側の配慮でありがたいことではあるが、見て気持のよいものではない。救急医療で救える病気は注意して走れば防げるし、救えない病気は救急医療でも救えない。自分のペースでだれにも乱されず走る。まわりの景色をたのしみながら。やがて四九分でゴールインした。ゴール付近には走った後、「やったぞ」という満足感にひたっている人、何の感興もなさそうで、すぐ帰り仕度を始める人、自分の記録の証明をもらいに行く人などなど。残念ながら、走ってたのしかったという顔付きと態度の人は非常に少ない。ただひとり印象に残った人があった。ゴール付近でみた若い女性の顔の美しさは格別で、忘れられない。皮膚は充血のためほんのり桜色で、汗と脂で輝やいている。そして何かをやりとげたという満足があふれていた。目を細め、上気していた。お産をしたあとの女性の顔付きと似ているなという印象をうけた。何かをやった後の爽快感が外に現れていた。

主催者も参加者も走る時間の競争をあおっているのは、たのしみのためのランニングよりも競争のためのもので、感心しない。

走り終ったあと、中年になった自分も一〇キロメートルを事故もなく完走できたということが私には最大の喜びであった。どうしてあんなに力一杯走る人が多いのだろうか。「走ると健康になれる」と盲信して、ひたすら走っている人が多すぎる、なぜ健康によいのかも考えないで。集団で走ると異常心理状態になるのではなかろうか。早く走れたからといって頭の健康が保てるわけではない。主催者はもっとたのしくなるようなお膳立てをしてほしいものだ。マラソン大会という名前もよくないのかもしれない。

地上にすむ動物が移動するときは走るか、歩くかで、違いは四足または二足の少なくとも一つが常に地上にあるのが「歩き」で、そうでないのが「走り」である。この走りも主観的には競争して走るのとたのしんで走るのとがある。走るスピードは競争のときは早いが、たのしみで走れるのは時速にして八―一六キロメートルぐらいであろう。フィットネスがあるほど、たのしみながら早く走れるようになる。ジョギングという近頃はやりの言葉は、元来はブラブラ歩き、ノロノロ移動のことであったが、最近は軽いランニングの意味で使われるようになった。ジョギングは、私のいう「たのしみのためのランニング」にピッタリの言葉で、私はジョギングをそのような意味で使いたい。マラソン大会というのはやめて、ジョギング大会と改めてほしいものだ。

美しい犬山の山野を走っている私は、走れる肉体と心をもっている喜びを感じる。犬山に住むことになった運命に改めて感謝しているほどだ。犬山マラソンのコースの景色のよさについては、世界中のどんなマラソンコースよりよいのではないかとさえ思っている。犬山マラソンはたのしみのためのランニング、ジョギング大会にして、もっとたのしく走れるようにしたらよい。尾張パークウェイは愛知県の有料道路だが、交通量が少なく道路として重要ではなさそうだ。全コース約五キロメートルにそってある農道を走っても車にすれ違うことが少ない。全く車を見かけない日もある。いっそのこと、ランニング・ハイウェイにして、サイドウォークを拡げ、水飲み場やシャワー室をもうけたら、よいのではないか。主道路はランナー用に、今の農道を車用に、尾張パークウェイの近くを走るときにはこんなことを夢想したりする。

犬山マラソンの主催地なのに、地元の人で走っている人はほとんど見かけない。おそらく一〇〇人とはいないだろう。人口六万余だから一パーセント以下である。アメリカの最近の都市では様子が違っている。一九七九年の秋、私がロスアンジェルスのカリフォルニア大学に滞在していたときには、大学の周辺を走っている人を実に多く見かけた。日中でも夜中でも私が走っていると、必ずランナーとすれ違うのである。大学のトラック競技場も一般に開放されランナーがいる。内側の二トラックだけは「選手用だから走らないでください」と注意書がしてある。

ランナーの数が非常に多いことで有名な町は、アメリカのオレゴン州のユージーンである。人口五万で州立大学のある小さな町であるが、少なくともそこの三分の一の人たちがランニングを生活の一部にとり入れているのである。「ランナーの街」という異名があるくらいだ。この町のなかにはランニング用の公園があり、「プレのトレイル」とよばれている。プレとはプレフォンテーヌという人名の略で、オレゴン大学の陸上競技の選手で、コーチだった人の名を記念してつけたものである。

ユージーンでランナーが増えたのは、走ることを好む傾向の人が多かったということもあるが、先覚的指導者がいたのである。ユージーンにあるオレゴン大学のコーチのビル・バウワーマンは、一九六二年にニュージランドに遠征したときに当地でたのしく走っている人たちの集団を見た。すすめられて一緒に走ることにした。五〇歳のやや太り気味のランニングコーチは約二キロメートルの坂道コースを走ることができず、ビリになった。ところが、後からきた七〇歳の老人が彼のそばを気楽に走り抜けていったのである。このときのことを彼はあとで「五〇〇メートルも坂道を走ったら死にそうだった」と回想している。ここで、彼は走ることが人々にたのしみをもたらし、フィットネスによいことを認識する。

帰国したバウワーマンはさっそく走ることに興味をもつ二五人の市民にゆっくり走るコーチをはじめ、自分も走った。二年たって走る市民は一〇〇〇人に増えた。このころになると噂をききつけて、郵便や電話の問合せが増え出す。たまりかねたバウワーマンは内科医の協力者ハリスと二人でパンフレットを書く。これが好評で、翌年は小さい本にしてニューヨークから出版した。これは、今日盛んになったランニングのための解説書の最初のもので、約一〇〇万部も売れたのである(日本語訳がある。参考文献を参照)。

バウワーマンの原則は、無理して走らないこと、話ができるくらいのスピードで走ることが基本であるが、一日強く走ったら、翌日軽く走ることにしている点である。今では一週間に走れる距離をきめると、毎日どのように走ったらよいかのプログラムがこまかくできていて、オレゴン方式とよばれている。

ユージーンにどうしてそんなにランナーが多いのかと聞かれて、バウワーマンは「おそらく、このあたりで採れるキャベツの染色体のせいだろう」と冗談めかして答えているが、だれも充分には説明できない。ユージーンの気候はおだやかで湿気が多く、冬は曇って雨が降っていて寒くない。夏はカラリと晴れて涼しい。ユージーン。バウワーマンの指導でオレゴン大学でオリンピックマラソンのメダリストがランナーの中から生まれてきたこと、ゆっくり走る効果を市民が体験を通して知ったからだろう。

ランナーにとってのディズニーランドといってもよいユージーンのランニングコース（プレのトレイル）が完成したのは一九七七年のことであるが、全長約九キロで美しいウイラメット川のそばにあり、車にわずらわされずに走れる。途中に休憩所もある。地面は市の製材産業から出る材木のオガくずを敷きつめてある。プレフォンテーヌという人が、このようなコースをほしいと思いつつも交通事故で死んだあとに完成したコースである。このコースができたとき、この街の市長もマラソンランナーで、走りながらコースをどのようにつくったらよいかと考えたという。費用はおもに地元の産業界からの寄付、ランナーのボランティア活動などでまかなわれ、市の税金は一万ドル（総費用の一〇パーセント）もかからなかったという。

犬山のマラソンコースもこのようなものにならないかなあと私は夢みながら走っている。

オレゴン方式で毎日二〇分間走れるように一〇週間でするプログラムの実例をつぎに示す。オレゴン方式の特徴は、歩数をかぞえることと一日おきにはげしい日とやさしい日が交互にあることである。週日は毎日走り、日曜日は休む。無理をしないプログラムなのでたいていの人にとって楽にやれるものである。

はじめは単調でおもしろくないが、やがてたのしくやれるようになってくるから不思議だ。

第一週

月曜日　一〇かぞえて走り、二〇かぞえて歩く。これを二〇分間繰り返す。かぞえるのは右足が地についたときにする。

水曜日　二〇かぞえて走り、一〇かぞえて歩く。これを二〇分間繰り返す。

金曜日　水曜日と同じ。

火・木・土曜日　二〇分間歩く。

第二週

月曜日　二〇かぞえて走り、二〇かぞえて歩く。これを二〇分間繰り返す。

水曜日　三〇かぞえて歩り、二〇かぞえて歩く。二〇分間続ける。

金曜日　四〇かぞえて走り、二〇かぞえて歩く。二〇分間続ける。

火・木・土曜日　五分間歩く。五〇かぞえて走り、五〇かぞえて歩くが、これを五分間繰り返す。つぎの五分間は歩く。ついで五分間、五〇かぞえて走り、五〇かぞえて歩くのを繰り返す。

第三週

月曜日　三〇かぞえて走り、二〇かぞえて歩く。これを二〇分間繰り返す。

水曜日　四〇かぞえて走り、二〇かぞえて歩く。これを二〇分間繰り返す。

金曜日　五〇かぞえて走り、三〇かぞえて歩く。これを二〇分間繰り返す。

火・木・土曜日　スピードをやや早めて五分間歩く。五分間、五〇かぞえて走り、五〇かぞえて歩く。五分間早く歩く。最後の五分間は、五〇かぞえて走り、四〇かぞえて歩く。

第四週

月曜日　四〇かぞえて走り、二〇かぞえて歩く。これを二〇分間続ける。

水曜日　五〇かぞえて走り、二〇かぞえて歩く。これを二〇分間繰り返す。
金曜日　六〇かぞえて走り、ついで二〇かぞえて歩く。これを二〇分間繰り返す。
火・木・土曜日　五分間早めに歩く。五分間五〇かぞえて走る。五〇かぞえる間休止する。五分間早めに歩く。
五〇かぞえて走り、ついで三〇かぞえて休む。五分間早めに歩く。

第五週

月曜日　五〇かぞえて走り、二〇かぞえて歩く。これを二〇分間続ける。
水曜日　六〇かぞえて走り、二〇かぞえて歩く。これを二〇分間続ける。
金曜日　七〇かぞえて走り、二〇かぞえて歩く。これを二〇分間繰り返す。
火・木・土曜日　五分間早く歩く。五分間気楽に走る。五分間早めに歩く。五分間気楽に走る。

第六週

月曜日　七〇かぞえて走り、二〇かぞえて歩く。これを二〇分繰り返す。
水曜日　八〇かぞえて走り、二〇かぞえて歩く。繰り返し二〇分。
金曜日　九〇かぞえ走り、二〇かぞえて歩く。繰り返し二〇分。
火・木・土曜日　五分間、早めに歩く。五分間気楽に走る。二〇分間繰り返す。

第七週

月曜日　九〇かぞえて走り、二〇かぞえて歩く。二〇分間繰り返す。
火曜日　五分間歩く。五分間走る。この繰り返し二〇分。
水曜日　一〇〇かぞえて走り、二〇かぞえて歩く。これを二〇分間続ける。
木曜日　三分間歩く。七分間走る。三分間歩く。七分間走る。これで二〇分間とする。
金曜日　一一〇かぞえて走り、二〇かぞえて歩く。二〇分間続ける。
土曜日　五分間歩き、一〇分間走り、最後に五分間歩く。

第八週

月曜日　一一〇かぞえて走り、二〇かぞえて歩く。これを二〇分間繰り返す。
火曜日　三分間歩く。七分間走る。三分間歩く。最後に七分間走る。
水曜日　一二〇かぞえて走り、二〇かぞえて歩く。これを二〇分間繰り返す。
木曜日　五分間歩く。一〇分間走る。五分間歩く。
金曜日　一三〇かぞえて走り、二〇かぞえて歩く。これを二〇分間繰り返す。
土曜日　三分間歩き、一四分間走る。三分間歩く。

第九週

月曜日　一三〇かぞえて走り、二〇かぞえて歩く。これを二〇分間繰り返す。
火曜日　五分間歩き、一〇分間走り、五分間歩く。
水曜日　一四〇かぞえて走り、二〇かぞえて歩く。これを二〇分間繰り返す。
木曜日　三分間歩き、一四分間気楽に走り、三分間歩く。
金曜日　一五〇かぞえて走り、二〇かぞえて歩く。これを二〇分間繰り返す。
土曜日　二〇分間気楽に走る。

第一〇週

月曜日　二〇分間、快適な気分になれるスピードで走る。
火曜日　一五〇かなり早くかぞえて走る。ついで気楽に五〇かぞえて走る。これを二〇分間繰り返す。
水曜日　二〇分間快適に感じるスピードで走る。
木曜日　五〇かぞえて走るのを一〇回繰り返し、五〇かぞえる間休む。これを繰り返すが、最後には気楽に走って終る。
金曜日　二〇分間快適なスピードで走り続ける。

土曜日　一五〇かぞえて走るのを一五回繰り返し、五〇かぞえて休む。これを一二回繰り返す。二〇分は軽く走らねばならない。

ランナーとして外を走るときに気掛りなのは大気汚染である。犬山マラソンではそんな心配のないのがたいへんよいが。硫黄酸化物、一酸化炭素、窒素酸化物、鉛化合物などなど、石炭、石油をもやして出てくる一酸化炭素と亜硫酸ガスが大気汚染の最大の元凶である。ランニングでは換気量が五―一〇倍にもなるから、当然、影響が大きくなる。大気中の亜硫酸ガス濃度が二四ppmをこすと急性の気管支炎や喘息をおこしやすくなる。一酸化炭素はヘモグロビンと親和性があるので、酸素よりも速く強くヘモグロビンと結合し、血液の酸素運搬能力が低下する。だから、酸素の少ない高地で走っているのと同じ効果が出る。ランナーの一酸化炭素の影響をしらべた研究はきいたことがないが、同じランナーが一酸化炭素の多いところで走れば、持続時間は短く、最大酸素摂取量も減ってくるはずだ。これはタバコをすったときと同じ方向の変化で、ランニングの効果を期待して走るときは大気汚染のあるところで走らないにこしたことはない。なるべく空気のすんだところで走った方がよい。私の経験では、たまに走るのなら国道でも自動車の排気ガスもそうは気にならない。数時間も走り続けるのなら別だ。都会の大気汚染、車の多い午前一〇時ごろから午後八時ごろにはなるべく国道ぞいに走るのをさけ、これ以外の時間帯にするとよい。だから夜より朝の方がよい。空気のすんだところへ行けば一酸化炭素と結合したヘモグロビンは、一酸化炭素との結合がはずれ、酸素を運ぶようになる。たまに車公害のところで走るだけならあまり気にしないことである。

私が都会の道路を走るときの苦痛は、大気汚染や雑音より交通標識と人ごみで、単調なランニングのリズムをこわされる方がいやである。信号のあるところは止まらねばならず、歩いている人が眼につけばぶつかるわけにはいかず道をよける。これではたのしくないのである。たのしみのためのランニングは大都会の雑音の中で得るのは難しい。

本書では女性とランニングについてはとくにふれなかったが、女性にも男性と同様の効果があるので、女性のランニングもおおいに盛んになってほしい。

それから、性行動とランニングもふれなかったが、重要な事項である。これは科学的な調査も実験的研究もないので、今後の問題であることを強調しておきたい。

性活動に及ぼす一例を、ランニングの一般書に書いてあるレポーターの手記を引用するだけにとどめたい。出典はグローバーとシェファードの『ランニングのハンドブック――走るための男性と女性のための完全なフィットネス・ガイド』という本である。この本の最後のページに紹介されている、ある一老人の話である。この本の著者が一九七七年のボストンマラソンのときに実際に聞いた話である。ゴールの近くでマラソンを完走した人たちから取材しているとき、白髪の老人が近寄ってきて、

「ランニングの本を書いておられるんだって？　その本にセックスの章がありますか」

「ありますよ」と私は答えてにこっとした。

「本当にそれは大切なことです。私がランニングを始めたのは妻君に死なれた一〇年前のことです。私は退職して時間をもてあまして退屈していた。老人ホームに住んでいたが、チェスやゲームはやらないので、走り始めた。五年前にボストンマラソンの参加資格がもらえるようになり、今では一週間に一〇〇キロメートルを走っているよ」

私は飲んでいたビールのグラスを置いた。

「私の唯一の困った問題は、ばあさんたちが私をひとりにしておいてくれないことなんです。私と同じ

年齢のじいさんはたくさんいるけど、一日に一六キロも走れて体格のよいじいさんはあまりおらんのでね」といって、その老人は笑った。

「そこで私は古い結婚指輪をつけることにしたが、回数がちょっと減っただけなんです。私は頼まれるといやといえない性質で、五〇年代後半や六〇年前半の若い女性が本当に好きなんでね。私の体がイエスといっているとき私の頭がノーとはいえんじゃろが」

私は「そうでしょう」とうなずいて、二人で笑った。

「そこの若い人よ」と、ちょっと意地悪そうに私にいった。「もう一言いわせてくださいよ。私は今の方が、四〇歳や五〇歳も若かったときより回数が多いよ」。二人はまた笑った。

「それじゃ、いったいあなたはいくつですか」

「私か、七二歳だよ」

これは興味ある一例で、ランニングと性行動との関係を組織だってしらべたいという衝動をかきたてる。この話は私の経験に照らしても不思議なことでなく、この老人は真実を語っていると信じている。

第一〇章　私にも一言いわせて――家内からの一言

「ご主人おやせになられたそうですね」とよく聞かれる。このごろは「やせたなんていうのではなく、やせっぽっちになってしまったのよ」と答えています。近所の子供が「パンダのおじちゃん」と呼んでいたふくよかさは、今では痩身の痛々しさを感じる体型です。とくに後姿などやせすぎたのではないかとさえ思えるほどです、力仕事をしない頭脳労働者のやせ型は哀れささえ感じて、寒々しい。急激なやせかたが目立ったときは、だまって一服盛ったことがあります。食事に感づかれないように甘味と油気のさじ加減をしました。また酒のさかなに低カロリーのセロリーやレタスしか食べない主人の努力も、酔いがまわってくると自制心が弱まる泣きどころがあります。その機をねらって、副食をちびりちびりと出して、息子と私とが手を出し、追加を続ける。これなど頭が混乱してカロリー計算ができなくなるので、一番効果があるとひそかに悪妻ぶりをたのしんでいました。しかし、男五〇歳近くなって、これほどの狂気でやり出したランニングに、水をさすことなしと悟り、急激なやせ方で弊害を身にうけようと、いいではないかと思うようになって、黙認することにしました。

体重の減少にともなって、いろいろと変化が出てきました。全般的にはメリットが多く、デメリットは金銭的なものです。たとえば、衣服の新調の連続、なにしろオーダーものなど、できあがったときには、もう一周りも細くなって、ダブダブのスーツとなってテーラーが頭をさげている中を持ち帰り、一―二度着てそのままお蔵入り、靴すらすぐ合わなくなってしまう。通勤用にとオートマチックの車を買ったのに、そのころからほとんど乗らなくなってしまう。すぐ無駄になるものを買っての損が多く、捨てるのにもったいない、サイズの合わないものを保存しなくてはならない。女のけちと生活の合理化のはざまで、ばかばかしい思いをしています。

本文で全然書かれていないことの一つに、イビキがあります。これは主人のランニングで私がうけた大きなメリットです。本人の知らぬ間におこるイビキですが、なにしろ以前のイビキのすごさは、隣室でテレビを見ていると、深夜にかえって音を大きくしないとテレビの音がききとれなくなるほどでした。とくに酔った後のはすさまじく、本人は「老人性蓄膿症（？）だから仕方がないよ」とうそぶいていて、出ものはれもの式に意にかいせず、迷惑のかけ放題のあのイビキが全くしなくなってしまいました。これは、一〇キロメートルを軽く走れるようになった前後のころからでした。体重六〇キログラムそこそこの現在では、酔ったときも寝入りばなのほんの短い間で、一晩中ではなくなっています。これは主人に感化されて走り出した友人の奥様も認めておられ、「このごろは私の方がイビキがうるさいほどよ」といっておられた。

このイビキは、心拍数、呼吸数に関係のあるものではなかろうかと思います。夫婦間でこの心拍数、呼吸数の大きな差のある場合は、必ず片方の安眠が防害されるようです。防害されるのは心拍数、呼吸数の少ない方で、早い寝息に調子を乱されるので、私たちの場合はいつも私が被害をうけていました。太っちょの肥満型・高血圧の主人と、人並みはずれたちび（身長一四三センチメートル）の筋肉型・低血圧の私との組合せで、夫婦というものの体格での相性について考えさせられた時期がありました。今では先に眠っている主人の静かな寝息は就床時の私よりも遅いので、彼の寝息に合わせることで、すぐ熟睡できて、睡眠時間の短縮にもつながって、私の健康維持に役立っています。

性格的な変化は本文にも書いていますが、ずいぶんと変わったと思います。苦しいこと、いやなことを本能的にさけ、防御体制を無意識のうちにとっていたのが、今では積極的にいやなことに向かっていく、まず自分で体験しようとするような気がまえが自然に出てきている。こんなふうに書くと、私はいやに冷静で、教師の目で主人を見ているようだが、そんなたいそうなものではなく、ほんの些細な日常生活の中でみた感想です。

顕著に違ってきたのは、ものぐさではなくなったことです。卑近な例ですが、帰宅したとき、それまで食卓の上にある家族のだれかの飲みさしのコップの水を飲んだり、座って仕事をしている私に、自分は立ったまま「コップを持ってこい」といって、ちょっとも動こうとはせず、靴下をポイポイと足元に落して置く。これがちゃんと自分で飲み物を用意し、時には「お前も飲むか」と聞いてくれ、返事次第では、再び台所に立ち、水を飲まぬ私のためにお茶を入れてくれる。椅子に座って水を一口飲み、両手で靴下をぬぎ、二つまとめて風呂場へもっていくようになったのです。万事にこの変化が見られるのであるから、実にこまめになった。身体が軽くなったことは、動きが軽くなったことにつながり、どしんどしんと動かず、音をあまりたてず軽やかに動くようになってきた。昔はよく、床の上に置かれたものを踏んづけ、子供たちから「オモチャのこわし魔」といわれ、玄関のドアの開く音を聞くや大急ぎでそのあたりをかたづけていた。踏んづけてこわしたり、自分の足を傷つける常習犯であったが、つま先から徐々に体重をかけていくようになって、何かつま先に異物があることを気づいて、よけることができるようになったようです。

ランニングをやりだしてから約一年余、自らをいましめる生活を送り、厳しさを自分に対して求め、挫折する不甲斐なさを見せたくない虚勢を張っているなと思われるときもあって、ときどき痛々しさを感じましたが、現在はやっと落ちついてきたようです。

私たちの友人は「大丈夫かな、あんなにがんばって」というのから、思い立った動機の解説を聞こうとする質問が多い。頭の衰えか、身体の衰えか、どちらかわかりませんが、ともかく自分の生命というものを、何か具体的なもので感じたのが、深層に強く働きかけたのが動機だと私は信じています。

外見の不恰好さは、過去に何度か見せつけられた機会もありました。私がウェイトコントロールをすすめ出してからもう一五―六年にもなり、そのたびに「長生きしないでもいいよ」と気にもかけず、顔の長さより横幅の方が広くなって、もみ上げをのばして、陰影をつけることをすすめたときも、主人はさほど深刻に感じなかったはずです。外見をみて走り出すきっかけをつくったことは確かでも、それまでに、大きなショックがあって、それが年齢以上に早く老化させていることに気づいたのでしょう。

ともかく、人間五〇歳近くになってやせる努力をすると、必ず外観的にみじめな現実がやってくる。このときは、とくに周りの者が気をつかってあげなくてはならない。見て見ぬふり、表現に気を使い、なに気なくものをいっても、うけとる側が深く感じる言葉はさけなくてはならない。女の場合は、やせ出すと、まず目が落ち込み、その後頬がこける。顔色の艶がなく、まず鏡の前でガッカリして、「太っている方がいいわ」という気持になってしまう。それに反比例して下腹のボテは一向になくならず、足の太ももがやせるので一層下腹が目立つことになり、気持が老けこんでしまう。主人の場合は、急激な体重減少で、脂肪がとれるのはすぐだったが、その表皮の代謝は年齢並みに遅々としていて、からだ中の皮膚がたるみ、たて、よこ無数のしわがより、ひだができ、脱落寸前の古い表皮は色艶うせ、まるで象の足のように、うすよごれた粉ふきゴボウ、老人臭くなる。しかし、主人はやせていくスピードに喜々として、鏡の前よりヘルスメーターの上にいる方が多いので、気づかなかったようだ。私はこの現実を口に出していわないようにした。「近眼、乱視も時にはいいもんだね」と息子どもと悪口をいっていた。この間三―四カ月、「ガンではないの?」「どこかお悪いのでは?」「もういい加減にさせとけよ」と、どれだけ多くの人からいわれたかわかりません。しかし、だんだんと艶が出てきて、みすぼらしさやみにくさはなくなってきた。たったひとところ、胃のところから下腹部にかけて、まるで肋骨がへそ下まで続いているかにみえる。ダーツ付表皮で、まさに走る洗濯板。アコーディオンカーテンのように動く。それほど大食による胃腸の肥大がけたはずれに大きかったのでしょう。

近ごろ私は肥満の人を見るとき、腹の脂肪を目算してみるのです。腹の部分がほかより肥満しているのをからだの老化度と見るのであって、私など自分のからだは太っていても、「あらゆる部分に均一に脂がのっているのでいいや」と自己満足しています。

急激な体重減少の弊害がおこらなかった主人のケースには、忘れてはいけないことがあるのを私は強調したいと思います。これは都会の人にはほとんど不可能に近いことでしょうが、私たちの場合は幸いなことに、私が百姓もどきで野菜類をつくっており、ほとんど買わない。食事直前に畠から抜きとって調理できる条件にあります。レタス、エンダイブ、だいこん、にんじん、トマトなど、無農薬、有機肥料のものが四季を通じてふんだんに食べられ、調味料なしでそのものの味を味わえます。食品標準成分表の値よりも、ビタミン、ミネラルなど多いに違いないと信じています。体重は食べる量を少なくすることに耐えられれば、容易に減少できるでしょう。主人の場合も、以前の摂取量から比べれば、絶食に近い状態であったのが、それでもカロリー・ガイドブックがなかったら、最低の量さえさげようとしたに違いなかったほどでした。

肉体にすでに貯蓄された脂肪を消費するのに、どのようにほかの栄養分、蛋白質、ビタミン、ミネラルが働くのかわかりませんが、からだのどの部分にも大きな負担をかけず、蓄積脂肪をエネルギーに変えるためには、エネルギー以外の成分を外からとらないと栄養のバランスがくずれてくる。食事をとって、エネルギーを作り出しているときの栄養の量よりも蓄積脂肪の消費に必要な栄養分の方が多く必要なのではないかと、素人考えですが思います。そこで多くの種類の野菜をできるだけ新鮮に食卓にのせたので、主人の食事は恵まれていたのです。だからこそ、ほかの器官に故障もなくやせられたのだと思っています。ほかの人にあんな急激なやせ方はすすめられません。やせることに憂き身をやつしてランニングをするのは主客転倒です。「ビールが好きだ。しかし飲めばビール腹になる。ビールを飲みたい。だから走る」といって、走った後、とてもうまそうにビールを飲む友人がいますが、その友人の汗ばんだ幸せそうな飲みっぷりを見ると、うれしくなります。

ランニングした後、食欲はないと主人はいう。たしかに重労働の後は食欲を感じません。しかし空腹はよくわかるはずです。私の経験（水泳、野良仕事の重労働）からおしはかって、空腹は平素より強く感じるが、食べない辛棒は容易にできます。お腹がすくと目に見えて動きがにぶくなる人がいるが、私はとくに動きが落ることはない。むしろすき加減の方がよく動ける。花形リレー選手であった息子は試合当日の昼食はほとんどとらず、にぎり飯一個ですまし、運動会の最終リレーをかざるためにがんばっていました。このことなど生理的に意味があったのが本文を読んでわかりました。運動をよくする人は空腹にもよく耐えられるようになっているはずで、食事はおいしく、それも腹八分までが実にうまく感じることができ、それ以上になると、むしろ苦しささえ感じられるようになって、自然に腹八分が守れるようになってきます。腹八分で食事をやめると、食後すぐ何かほかのことをするため動き出すことができる。満腹以上、十二分に食べると、すぐねむくなるのが以前の主人で、夕食後はつかの間の仮眠をして、自分の寝入ったことに気づき、あわてて起き出して仕事をしていた毎日でしたが、今では食後適当に談笑して、仕事につくことができるようになった。「眠っている間にブタになる」という私の悪口は、実例を見つづけてきたうえでのことです。

自然に腹八分が守れるようになり、食にきれいになって感心させられます。ガツガツ食べず味わえる余裕が出てきた。「うまい」とほめられるよりも、うまそうに味わって食べてくれる方がよほど調理のしがいがあります。味覚をたのしんでもらいたいといろいろ考えていますが、しかし、まだまだ酒に酔うと、元のもくあみ、味盲をまざまざと見せつけ、腹に流し込む長年見なれてきた醜態をさらけ出すのです。まだ自らを力づけて努力をしている段階で、身についていない。胃袋も拡張したままで、なにを食べても消化する頑健さがある。もし、もう少しやせる度合が遅い場合は、胃も縮小し、腸の吸収率も高くなっているのではないかと考えます。

願わくば、自分の酒量をコントロールすることが、どんな場合もできるようになってほしい。酒は飲んでも、酒に飲まれぬいい男になったらなぁー。あぁー、もう一度私は彼に惚れ込むのだけれど。

終　章

心とあたまのための「たのしみのためのランニング」について、私の経験を通じて、どうしたらよいかを書いてきた。

最近、私が知人に合うと、話題がどうしても私の体重減少に及ぶ。目立つほどの肥満体が一年でスマートなやせ型になったからだ。「どうして体重を減らしたのか」という質問になる。「ランニングですよ」と答える。それから私はランニングの効用をとうとうと説明する。半信半疑できいている知人はそんなにいことがあるのなら「本に書いてくれ」という。私のまわりには書いたものなら信用する習性の人が多いらしく、私は専門外の「ランニングと脳」のことを書く決心をした。

「ランニングと脳」については知られていないことが多く、また、私の経験が一年ほどなので未熟であることを充分承知している。私は大学で医学を学び医師となり、からだの働きのメカニズムを知りたくて生理学を専攻し、勉強を続けてきた。そして神経生理学の研究者となった。これらの背景があるうえで、ランニングをはじめて体験したこと、ランニングについて考えたことをもとに本書を書いたので、ランニングをすすめるどんな書物とも違ったユニークなものになったと信じる。ランニングは、心とからだを健康にするだけでなく、個人の生活習慣、社会生活を変える力ももっている。そのことを多くの人に知ってもらいたかったのである。

私が経験談を話すときの走っていない人たちの反応は三種類に分けられる。第一は「うーん」と感心して私の意見に賛成して、さっそく走り出す人。第二は感心はするが、「えらいですね」といって私の話の受け入れを拒否する人。第三は全く無関心の人。一番多いのが二番目の人たちである。

本書は、どのグループの人たちにも語りかけたつもりである。第一の人には走るときのさまざまな注意を、第二の人には走ることは歩ける人ならだれでもできるという勇気をもてばよいことを、第三の人にはランニングのすばらしさを知ってもらいたいのである。

すでにランニングの経験のある人にも本書の内容は新しいことがあり、思いあたるふしのあることを信じる。新しく知ることで、ランニング人生をもっと豊かなものにしてほしい。

フィジカル・フィットネスは基本的人権のようなもので、生きている人ならだれにもあるものであるが、得たいと思わないと得られないものである。肢体不自由の人でも、ベットに寝ている人でも、心臓に負荷をかけることはできるのである。「三五歳以上の人が走り出す前には医学検査をうけるように」と書いたが、運動をなにもしないでおりたい三五歳以上の人は、運動しないでおれるほどの体力があるかどうか、しらべるような時代になってほしいものだ。

ランニングで記憶力がよくなるかどうか、充分説得力のあるデータは見かけない、頭がよくなるかどうかも未解決である。「うつ病の治療に役立つのでは」という報告もあるが、まだ、はっきりしていない。三〇分以上も走り続けられれば、注意を集中して作業をやれるようになり、作業能率もあがり、結果として頭がよくなったように思えることもある。大学受験生などは走って受験勉強すれば入試の成績もよくなるだろう。ランニングは成人病を予防するが、寿命をのばしてくれるかは不明である。このような疑問にはっきりとした答えが出るのはもっと将来のことである。

ともあれ、ランニングは毎日の生活に充実感を与え、精神力をたかめ、行動に自信を与え、ものごとに積極的に取り組めるようにする。私がすすめたランニングは人によってやり方が違ってよい。創造的に自分に合ったやり方を考えて走ればよいのである。

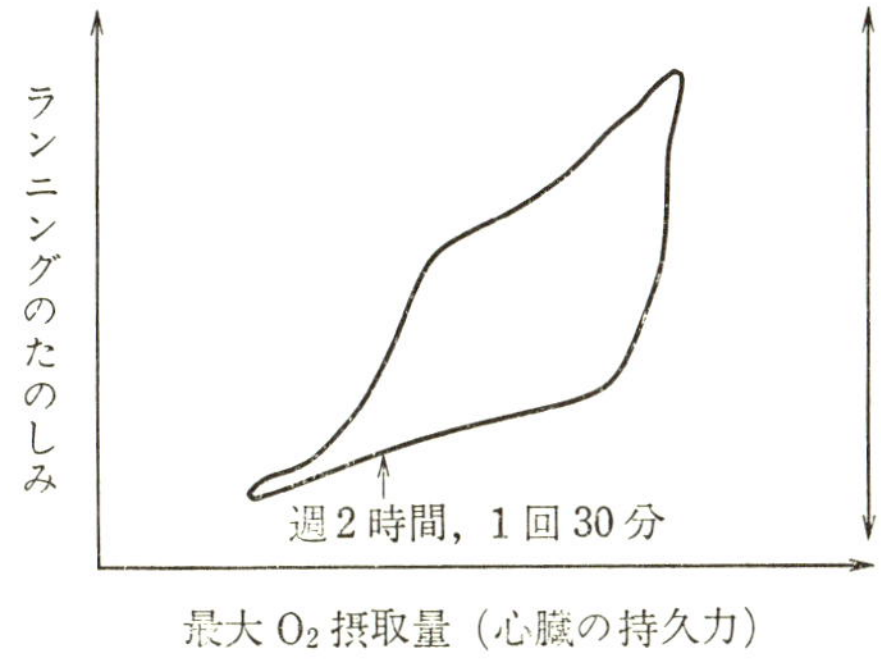

図 25　ランニングのたのしみと心臓の持久力の関係

本書のエッセンスを模式図にしたら図25のようになる。ランニングのたのしみは、最大酸素摂取量がふえて心臓の持久力がふえるほど大きくなる。たのしみが急激にふえるのは、週二時間、一回三〇分以上走れるほどの酸素消費をして、心臓が強くなった時点からである（矢印）。

走り続けようという強い動機づけや意欲があるほど、ランニングはたのしくなり、そのたのしみが、さらにランニングを続けさせてくれる。

よりよい生活を求めるすべての人に知らせたいのが本書の内容である。妻のカヨ子に原稿の清書をしてもらったが、一言いいたくなったとかで、内からの発言を第一〇章に加えさせていただいた。

間違いや思慮のたりない点があればご指摘くだされば幸いです。

参考文献

本書を書くにあたってとくに参考になり、読者にも益するところがあるものだけをあげる。生理学、医学、心理学については大学で教科書として使われるものは省いた。学術論文の出典も省いた。

厚生省公衆衛生局栄養課編『国民栄養の現状、昭和五五年版』第一出版、昭和五五年
石河利寛『スポーツと健康』岩波書店、昭和五三年
沖　正弘『ヨガ入門』光文社、昭和四六年
P・O・オストランドとK・ラダール著、浅野勝己訳『運動生理学』大修館書店、昭和五一年
科学技術庁資源調査会編『三訂補　日本食品標準成分表』大蔵省印刷局、昭和五五年
上田英雄・武内重五郎・豊倉康夫編『肥満』南江堂、昭和五四年
香川　綾『食品八〇カロリー・ガイドブック』女子栄養大学出版部、昭和五二年
加藤橘夫編『体力科学からみた健康問題』杏林書院、昭和五〇年
桐山靖雄『求聞持法、瞑想入門』講談社、昭和五四年
ケネス・H・クーパー著、原礼之助訳『エアロビクス健康法』実業之日本社、昭和五一年
船川幡夫・石河利寛・小野三嗣・松井秀治編『日本人の体力』改訂第三版、杏林書院、昭和五二年
平井富雄『瞑想と人間学のすすめ』日貿出版社、昭和五四年
W・J・ボウェルマンとW・E・ハリス著、北村　仁・佐藤　佑訳『ジョッギング』不昧堂出版、昭和五二年
山西哲郎監修『ランニング体験集』成美堂出版、昭和五四年
矢部京之助『人体筋出力の生理的限界と心理的限界』杏林書院、昭和五二年

American Physiological Society. Biology Data Book, Ⅰ-Ⅲ, 1974

K. H. Cooper, The Aerobics Way, Bantam Book, 1977

Bill Dellinger and George Beres, Winnig Runnig ; The Oregon System, Contemporary Books, Inc. Chicago, 1978

Bill Dellinger, Blaine Newman and Warren Morgain, The Running Experience, Contemporary Books, Inc. Chicago, 1978

Gerald Donaldson, The Walking Book, Holt, Rinehart and Winston, New York , 1979

James, F. Fixx, The Complete Book of Running, Random House, New York, 1977（訳書『奇跡のランニング』CBS ソニー出版，1980）

James, F. Fixx, Second Book of Running, Random House, New York, 1980

Bob Glover and Jack Shephard, The Runner's Hand Book, A Complete Fitness Guide for Men and Women on the Run, Penguin Books, New York, 1977

C. T. Kunzelmen, The Complete Book of Walking, Simon and Silvester, New York, 1979

Jim Lilliefors, The Running Mind, World Publications, Mauntain View, Ca., 1978

Paul Miloy, The Marathon, Physiological, Medical, Epidemiological and Psychological Studies, Annals of New York Academy of Sciences, 301 ; 1977（ランニングと神経系のことが主テーマとして論じられた最初の科学的会議の報告）

Nathan Pritikin, The Pritikin Program for Diet and Exercise, Grosset and Dunlop, New York, 1979

George A. Sheehan, Dr. Sheehan, On Running, World Publications, Mountain View. Ca., 1975

George, A. Sheehan, Medical Advice for Runners, World Publications, 1978

Mike Spinos and Jeffrey, E. Warran, Mind/Body Running Program, Bantam Books, 1979

Vaughan Thomas, Science and Sport, Little, Brown and Co., Boston, 1970

著者略歴

久保田《くぼた》　競《きそう》

1932 年　大阪府に生まれる
1957 年　東京大学医学部卒業
1964 年　東京大学大学院生物系研究科第一基礎医学専門課程（神経生理学）修了
1967 年　京都大学霊長類研究所助教授
1973 年　京都大学霊長類研究所教授
1982-84 年，90-96 年　京都大学霊長類研究所所長
1996 年　日本福祉大学情報社会科学部教授
2004 年　日本福祉大学大学院情報・経営開発研究科教授
現　在　国際医学技術専門学校副校長
京都大学名誉教授
医学博士
著　書『睡眠』（共編，医学書院，1971）
『脳と神経系』（共著，岩波書店，1976）
『脳の発達と子どものからだ』（築地書館，1981）
『手と脳—脳の働きを高める手』（紀伊國屋書店，1982）
『脳—可塑性と記憶と物質』（編集，朝倉書店，1988）
『左右差の起源と脳』（編集，朝倉書店，1991）
『発達と脳のメカニズム』（編集，ミネルヴァ書房，1994）
『医学概論—医療，看護，福祉を統合する』（共著，日本福祉大学，2003）
『脳から見たリハビリ治療—脳卒中の麻痺を治す新しいリハビリの考え方』（共編著，講談社，2005）
『学習と脳—器用さを獲得する脳』（編著，サイエンス社，2007）
ほかか多数

ランニングと脳（新装版）
—走る大脳生理学者—　　定価はカバーに表示

1981 年 9 月 25 日　初　版第 1 刷
1998 年 9 月 10 日　第18刷
2009 年 11 月 20 日　新装版第 1 刷
2010 年 3 月 20 日　第 2 刷

著　者　久　保　田　　競
発行者　朝　倉　邦　造
発行所　株式会社　朝　倉　書　店
東京都新宿区新小川町 6-29
郵便番号　162-8707
電　話　03（3260）0141
FAX　03（3260）0180
http://www.asakura.co.jp

〈検印省略〉

©1981〈無断複写・転載を禁ず〉
新日本印刷・渡辺製本

ISBN 978-4-254-69043-9　C 3075　　Printed in Japan

リヨン大 北浜邦夫著

脳と睡眠

10215-4 C3040　A5判 224頁 本体4500円

本書は，ヒトや動物にとって重要な生理現象である睡眠・覚醒を司る脳の仕組みを，最新の知見も含めてわかりやすく解説する。〔内容〕睡眠・覚醒の系統発生／睡眠物質と神経メカニズム／視床下部と睡眠・覚醒／オレキシンと覚醒／他

日本トレーニング科学会編
シリーズ[トレーニングの科学]6

スプリントトレーニング
—速く走る・泳ぐ・滑るを科学する—

69020-0 C3375　A5判 196頁 本体3400円

スプリントトレーニングに関する知識を体系的にまとめて解説。〔内容〕スプリントトレーニングのマネジメント／歴史／スプリントの仕組みと特性／スプリントトレーニングの方法と評価／計画と実際／スプリントトレーニングでのケガと予防

元慈恵医大 小野三嗣・川崎医療福祉大 小野寺昇・
国際武道大 成澤三雄著

新 運動の生理科学

69030-9 C3075　A5判 168頁 本体2900円

解剖生理学的知見は必要最小限にとどめ，運動が生体機能に及ぼす影響に重点をおいて28のテーマを設け，進展を続けるこの領域の最先端の成果を取込みながら，現代の運動生理学全貌について多くの図表を用いて明解簡潔に解説

前筑波大 勝田　茂編著

運動生理学20講（第2版）

69032-3 C3075　B5判 164頁 本体3400円

好評を博した旧版を全面改訂。全体を20章にまとめ，章末には設問を設けた。〔内容〕骨格筋の構造と機能／筋力と筋パワー／神経系による運動の調節／運動時のホルモン分泌／運動と呼吸・心循環／運動時の水分・栄養摂取／運動と発育発達／他

中京大 湯浅景元・順天大 青木純一郎・
鹿屋体大 福永哲夫編

体力づくりのための スポーツ科学

69036-1 C3075　A5判 212頁 本体2900円

健康なライフスタイルのための生活習慣・体力づくりをテーマに，生涯体育の観点からまとめられた学生向けテキスト。〔内容〕大学生と体力／体力づくりのためのトレーニング／生活習慣と食事／女子学生の体力づくり／生涯にわたる体力づくり

東大 深代千之・中京大 桜井伸二・東大 平野裕一・
筑波大 阿江通良編著

スポーツバイオメカニクス

69038-5 C3075　B5判 164頁 本体3500円

スポーツの中に見られる身体運動のメカニズムをバイオメカニクスの観点から整理し，バイオメカニクスの研究方法について具体的に解説。〔内容〕発達と加齢・臨床におけるバイオメカニクス／力学の基礎／計測とデータ処理／解析／評価／他

筑波大 阿江通良・筑波大 藤井範久著

スポーツバイオメカニクス20講

69040-8 C3075　A5判 184頁 本体3200円

スポーツの指導，特に技術の指導やトレーニングを効果的に行うためには，身体運動を力学的に観察し分析することが不可欠である。本書はスポーツバイオメカニクスの基礎を多数の図(130)を用いて簡潔明快に解説したベストの入門書である

京大 伏木　亨編

運動と栄養と食品

69041-5 C3075　A5判 176頁 本体3000円

好評の『スポーツと栄養と食品』の姉妹書。〔内容〕運動とアミノ酸・タンパク質／運動と筋肉への糖吸収機構／疲労感発生メカニズム／筋肉増強のメカニズム／エネルギー代謝と食品／運動とミネラル／運動時のエネルギー代謝／運動と食品

杉崎紀子著

身体《からだ》のからくり事典

64029-8 C3577　A5判 372頁 本体6000円

人間のからだの仕組みは複雑でありながらみごとに統御され“からくり”に支配されてヒトは生きている。その複雑で巧妙なメカニズムを，一つの目でとらえ，著者自身の作成したオリジナルの総合図をもとにスプレッド方式(見開き2ページを片面図，片面本文解説)で173項目を明快に解説。医学・医療関係者，健康・運動科学等ヒトの身体を学ぶ方々に必携の書。〔内容〕身体機能の知識(58項目)／病気の基礎知識(66項目)／健康生活の基礎知識(32項目)／健康政策の基礎知識(17項目)

上記価格（税別）は2010年2月現在